Gulliver Taschenbuch 722

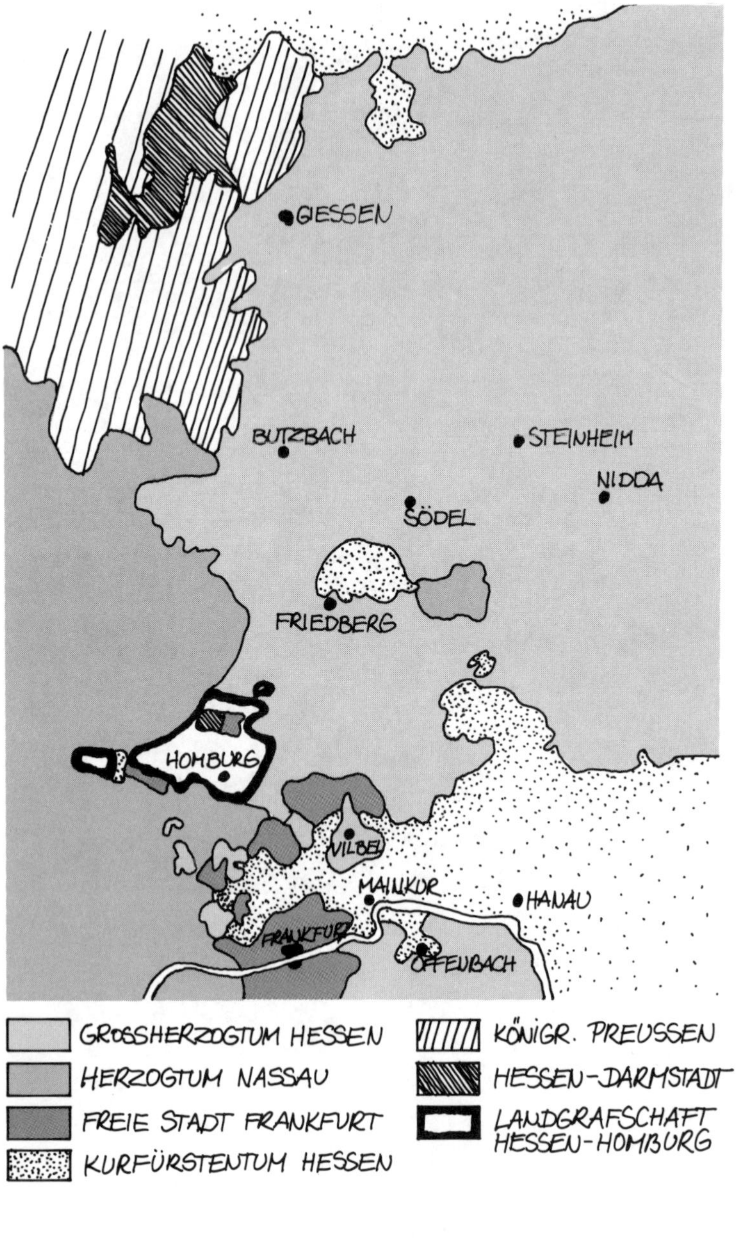

GIESSEN
BUTZBACH
STEINHEIM
NIDDA
SÖDEL
FRIEDBERG
HOMBURG
VILBEL
MAINKUR
HANAU
FRANKFURT
OFFENBACH
GROSSHERZOGTUM HESSEN
HERZOGTUM NASSAU
FREIE STADT FRANKFURT
KURFÜRSTENTUM HESSEN
KÖNIGR. PREUSSEN
HESSEN-DARMSTADT
LANDGRAFSCHAFT HESSEN-HOMBURG

Frederik Hetmann

Georg B.

oder
Büchner lief zweimal
von Gießen nach
Offenbach und wieder zurück

Zeit- und Lebensbild

Erzählung
mit Dokumenten

BELTZ
& Gelberg

Frederik Hetmann (d.i. Hans-Christian Kirsch) wurde 1934 in Breslau geboren. Er lebt als freier Autor und Journalist in Nomborn (Westerwald) und veröffentlichte Romane, Jugend- und Sachbücher, darunter die im Programm Beltz & Gelberg erschienene Geschichte der Rosa Luxemburg und ihrer Zeit, *Rosa L.*, und die Geschichte einer Liebe, *Bettina und Achim.* In der Reihe Biographie erschienen *Schlafe, meine Rose,* die Lebensgeschichte der Elisabeth Langgässer; *So leicht verletzbar unser Herz,* die Lebensgeschichte der Sylvia Plath; *Bis ans Ende aller Straßen,* die Lebensgeschichte des Jack Kerouac sowie *Drei Frauen zum Beispiel,* die Lebensgeschichte der Simone Weil, Isabel Burton, Karoline von Günderrode. Für seine *Amerika-Saga* erhielt er 1965, für sein Buch Ernesto »Che« Guevara, *»Ich habe sieben Leben«,* 1973 den Deutschen Jugendbuchpreis.

Dieses Buch ist auf Papier aus
chlorfrei hergestelltem Zellstoff gedruckt.

Gulliver Taschenbuch 722

Programm Beltz & Gelberg, Weinheim

Die Karte auf S. 2 zeichnete Christel Sarg
nach historischen Vorlagen, die vom Hessischen Staatsarchiv Darmstadt
freundlicherweise zur Verfügung gestellt wurden
Reihenlayout und Einband von Wolfgang Rudelius
Gesamtherstellung Druckhaus Beltz, 69494 Hemsbach
Printed in Germany
ISBN 3 407 78722 7
2 3 4 5 97 96 95 94 93

»Es ist alles still wie in einer verschneiten Winternacht. Nur ein leiser, monotoner Tropfenfall. Das sind die Zinsen, die fortlaufend hinabträufeln in die Kapitalien, welche beständig anschwellen; man hört ordentlich wie sie wachsen, die Reichtümer der Reichen! Dazwischen das leise Schluchzen der Armut. Manchmal auch klirrt etwas, wie ein Messer, das gewetzt wird.«

Heinrich Heine
Lutetia, Bericht über Politik, Kunst
und Volksleben

»Der Mond ist kaum noch zu sehen.
Die Sterne verglimmen sacht.
Die Alte, die aus der Hand liest,
hat ihre Bude dicht gemacht.
Alle außer Kain und Abel
und dem Glöckner von Notre Dame
machen Liebe oder denken an
den Tag, als der Regen kam.
Und der Gute Samariter zieht sich an
und schminkt sich zur Show.
Er tritt heut' abend im Zirkus auf,
in Desolation Row . . .«

Bob Dylan
Desolation Row

Den Bürgern der Stadt Offenbach gewidmet

Georg lief zweimal zu Fuß von Gießen nach Offenbach und wieder zurück.
Georg lief vielleicht an deinem Haus vorbei, Karlhans.
Kannst du dir das vorstellen?
Ich schon.
Georg lief vielleicht an eurem Haus vorbei.
Könnt ihr euch das vorstellen?
Georg stampft, rennt, schreit, kritzelt,
debattiert, argumentiert in meinem Schädel.
Georg geht mir nicht mehr aus dem Kopf.

»Tote gibt es, die sind lebendiger als Lebende. Und es wohnen Lebendige unter euch, die sind schon tot seit dem ersten Schultag, obwohl sie leben und schreien: Wir haben die Macht über euch!«

Also, es war so:
Zeuner und Minnigerode, der langes blondes Haar trug, fast bis auf die Schultern, gingen auf getrennten Wegen von Niederwöllstadt zunächst nach Friedberg, wo Zeuner einen Teil seiner Exemplare bei Apotheker Trapps Gehilfen Frölich abgab und Minnigerode einen Einspänner nach Gießen mietete. Zeuner erreichte mit dem Rest der Exemplare unbehelligt Butzbach. Minnigerode aber wurde, da Kuhls Denunziation schon morgens gegen zwei Uhr zum Universitätsrichter Georgi gelangt war, gegen 18.45 Uhr bei der Einfahrt am Gießner Selzertor mit 139 zum Teil in den Rock eingenähten, zum Teil in den Stiefeln verborgenen *Landboten*-Drucken verhaftet. Er gab an, die staatsgefährdende Schrift bei der Polizei abliefern zu wollen.
Das nahmen sie ihm natürlich nicht ab.

Im Laufe des Abends bis Mitternacht sammelten sich vor der Wohnung des Universitätsrichters Georgi junge Leute, die Geschrei erhoben und verbotene Lieder anstimmten.

Georg hat in seiner Kammer im Hause des Herrn Rentamtmannes Bott, Seltersweg 46, gesessen und Medizin gepaukt. Beispielsweise »Vergleichende Anatomie«, »Physiologie des Menschen«, »Gerichtliche Medizin« nach Henke's Lehrbuch. Oder er hat einen Brief an Minna geschrieben, nach Straßburg.
Es ist einer hereingekommen, noch ganz außer Atem, und hat gesagt: Sie haben Minnigerode!
Und was geschieht?
Ha no... mer proteschtiere, hat der andere gesagt.

Georg bricht sofort auf. Es ist die Nacht von Freitag auf Samstag. Das wollen wir festhalten. Es ist Anfang August. Der Tag ist heiß gewesen. Am Abend gab es ein Gewitter in der Ferne.
Er geht nach Butzbach, um Weidig und August Becker, der bei Weidig übernachtet, zu informieren. Er hat sich nicht bei den Universitätsbehörden abgemeldet, wie es die Bestimmungen vorschreiben. Er ist sogleich losgegangen.
Er ist keiner von denen, die schreien.
Er handelt.

Er liebt diese Landschaft nicht, durch die er da geht:

Hier sei kein Berg, wo die Aussicht frei sei. Hügel hinter Hügel und breite Täler, eine hohle Mittelmäßigkeit in allem; ich kann mich nicht an diese Natur gewöhnen, und die Stadt (Gießen) ist abscheulich.

Wie ich ihn mir vorstelle, hat er ein schlechtes Gewissen gehabt, weil sie den Minnigerode gefaßt haben und nicht ihn. Vielleicht hat er auch überlegt: Lohnt sich all das überhaupt? Ist das nicht heller Wahnsinn? Die Bauern indoktrinieren. Eine Revolution!
Veränderungen sind nur unter Beteiligung der Volksmassen möglich. Das ist seine These gewesen in all den Monaten.
Die Masse der Menschen in diesem Ländchen, durch das Georg wandert, sind Bauern, Handwerker, Tagelöhner, Dienstboten. Vielleicht wollen die Bauern so wenig von Veränderung wissen wie die liberalen Bürger. Mit denen hat er seine Erfahrungen gemacht. Diese Herren.

Die Bauern schlafen irgendwo dort hinter den Mauern, unter den Strohdächern der von der Dunkelheit vermummten Hütten.
Warum klopft er nicht an?
Warum spricht er nicht mit ihnen?
Manchmal möchte er die Mauern einreißen. Alle Mauern. Manchmal möchte er eine Schädeldecke zertrümmern, um wirklich zu wissen, was in einem anderen Menschen vor sich geht. Die Bauern kennen ihn nicht. Kennt er sie?
Aber vielleicht hat er auch an etwas ganz anderes gedacht. Sagen wir mal ... an ein Mädchen. Und es muß nicht unbedingt seine Verlobte in Straßburg gewesen sein. »Jolis pieds et jolies mains«. Einundzwanzig Jahre. Tochter eines verwitweten Pfarrers. Soviel weiß man: Er hat im Jahr zuvor (und auch da kannte er Minna Jaeglé schon) noch für ein »gefallenes Mädchen« geschwärmt. Er ist von einer Art mystischer Anbetung für sie ergriffen gewesen, hat geträumt, sie auf die Höhen der Engel zu heben.
Er lächelt. Wirklich, er muß gelächelt haben, während er ging, obwohl es brenzlig war. Ein Lächeln, das manche Leute für blasiert halten, mag er auch beteuern: »Ich verachte niemanden.« Er hat gelächelt über seine Träume vom vergangenen Jahr. Das gefallene Mädchen gefällt ihm noch immer. Es wird ihm auch noch in einem Jahr gefallen. Dann wird das Mädchen Marion heißen, und er wird es unter anderem sagen lassen:

...aber die Bibel las ich nach Belieben, da war alles heilig; aber es war etwas darin, was ich nicht begriff. Ich konnte auch niemanden fragen ...

Und:

Endlich sahen wir nicht ein, warum wir nicht ebensogut zwischen zwei Bettüchern beieinander liegen als auf zwei Stühlen nebeneinander sitzen durften...

Aber wie sieht denn nun dieser Georg eigentlich aus, der durch die Nacht geht?
Er ist ein großer, hell- und dünnhäutiger, etwas linkisch-schlaksiger junger Mann. Ohne Brille auch immer etwas desorientiert

wegen seiner Kurzsichtigkeit. Ein blonder Krauskopf mit schon ziemlich gelichtetem und manchmal in die Luft stehendem Haar.

Zeuner hat später erzählt:

In der Nacht vom 1. auf den 2. August klopfte mir um Mitternacht jemand an meinem Fenster und rief mich bei Namen. Ich öffnete das Fenster und fragte: »Was gibt's Neues?«, worauf erwidert wurde: Minnigerode sei am Tor zu Gießen verhaftet worden, und man habe Schriften bei ihm gefunden. Er habe sich sogleich aufgemacht, um uns zu benachrichtigen. Ich erkannte nun den B., er wünschte, ich möge ihn alsbald zu Weidig begleiten, was ich dann auch tat. Ich klopfte dem Weidig am Fenster. Sowie er heraussah, wurde ihm alsbald die Hiobspost mitgeteilt; er erwiderte, das sei schlimm. Weidig öffnete das Haus, und wir traten in seine Stube. Weidig pochte auch den August Becker aus dem Schlaf, welcher damals in dem Weidigschen Haus übernachtete. Becker war sehr bestürzt. Außer uns vier Personen war niemand zugegen. Weidig sagte sogleich zu B., da er einmal auf dem Weg sei, so müsse er notwendig seine Reise fortsetzen, namentlich nach Offenbach, um den Schütz wo möglich zeitig zu benachrichtigen, damit er nicht in die gleiche Falle gerate, sodann auch den Hausmann, damit dieser etwa vorrätige Schriften wegtun könne.

Aber: Wer ist Schütz? Wer ist Weidig? Wer ist Zeuner? Wer sind Frölich und Minnigerode? Wer ist dieser Becker? Nie gehört. Alles so Namen. Und überhaupt: Was soll die ganze Geschichte? Okay, sage ich, Vorschlag zur Güte. Ich lasse Georg noch einmal zurücklaufen. Nicht nur bis Gießen. Dorthin kommt er noch schnell genug wieder und kriegt Ärger an den Hals.
Ich lasse den ganzen Film von ihm zurücklaufen ... sagen wir mal etwa bis zu der Zeit, da er das Gymnasium verläßt.

Minnigerode und Georg sind Schulkameraden gewesen. Minnigerodes Vater war ein hoher Justizbeamter des Großherzogtums. Was mein Vater treibt? hat Minnigerode geantwortet, als Georg und er sich näher kennengelernt haben. Mein Vater notzüchtigt die Justitia.

Er ist rot geworden dabei. Er hat zu Boden geblickt.
Man suche sich seine Eltern nicht aus, hat Georg ihn getröstet.
...aber unsere Eltern doch wohl ihre Herren, hat Minnigerode geantwortet.
Es gehe doch überall so zu, hat Georg gesagt. Um etwas Besseres zu finden, müßte man ziemlich weit reisen.
Nur bis Frankreich. Da gibt's Preßfreiheit.
Ich weiß nicht, hat Georg gesagt, was mich beschäftigt, ist dies: Daß sie sich ducken lassen und immer die feine Ausrede gebrauchen, es geschehe um unseretwillen. Damit wir es einmal besser hätten. So schleppt sich alles fort und fort, und es ist keine Aussicht, daß sich etwas ändert, obschon jeder weiß: es müßte!

Halt! Das muß ich nun klarstellen: Dieses Gespräch habe ich erfunden.
Verbürgt ist nun wiederum: In der letzten Zeit auf dem Gymnasium haben sich Carl Minnigerode und Georg immer so gegrüßt: Bonjour, citoyen!*
Das ist auch Stoff für eine ganze Geschichte. Aber jeder kann sie sich selbst ausdenken.

Väter sind wichtig.
Sie haben eine Gesinnung, die nicht unbedingt die ihrer Söhne sein muß. Sie schicken den Wechsel oder auch nicht. Sie haben »etwas vor« mit dem Sohn. Sie kennen sich aus in der Welt und im Leben (angeblich) und vergessen regelmäßig, daß man Erfahrungen selbst machen muß, daß man sie nicht vererben kann.
Georgs Vater heißt Ernst Karl B. Er ist seinerseits Sohn eines Physikats-, Amts- und Stadtchirurgen. In Reingau im Odenwald geboren. Als junger Mann ist er mehrere Jahre im Sanitätsdienst der napoleonischen Armee tätig und wird schließlich Regimentschirurg. Daher seine Schwärmerei für Napoleon, mit der er Georg beträchtlich auf die Nerven gefallen sein dürfte.
Nach einer Assistenzzeit am Krankenhaus in Hofheim läßt sich Ernst Karl – seit 1811 ist er Doktor der Chirurgie und der

* Gruß der Bürger seit der Französischen Revolution, ein Protest gegen Titel und Standesvorrechte.

Geburtshilfe – als Distriktsarzt in Goddelau nieder. 1812 heiratet er die Tochter seines Hofheimer Vorgesetzten. 1813, am 17. Oktober, kommt Georg auf die Welt. Zwei Jahre später ziehen die Eltern nach Darmstadt, wo Ernst Karl B. Bezirksarzt und Medizinalrat wird, also zu »die vornehme Leut'« gehört.
Die Mutter unterrichtet den Sechsjährigen im Schreiben, Lesen und Rechnen. Mit neun Jahren tritt Georg B. in eine private Erziehungs- und Unterrichtsanstalt für Knaben ein. Daheim ist die Erziehung durch den Vater streng und ganz auf das zielstrebige Fortkommen des Sohnes gerichtet.
Es sind sieben Geschwister in der Familie. Eines der Kinder stirbt noch als Säugling. Die Mädchen, das sind die »träge«, »edle«, »aufopfernde«, »stets besonnene« Mathilde und Luise. Die Jungen heißen Georg, Wilhelm Ludwig, Karl, Karl Christian Ludwig, Alexander Karl. Georg ist der Älteste. Wilhelm Ludwig ist um drei Jahre jünger als er, Mathilde ist zwei Jahre jünger. Alexander Karl wird geboren, als Georg schon in die Prima geht und vierzehn Jahre alt ist. Aus allen Geschwistern ist, wie man so sagt, »etwas geworden«: Chemiefabrikant, praktischer Arzt, Jurist und Professor für Literatur. So die Brüder. Schriftstellerin die eine Schwester, Luise. Mathilde hat Luise den Haushalt geführt.

Darmstadt auf alten Stichen aus diesen Jahren wirkt spitzweghaft, biedermaierlich, ganz kleine Residenz.
Das Großherzogtum Hessen ist ein Agrarland. Industrie gibt es damals nur in Offenbach. Vor allem im nordhessischen Landesteil, in der Gegend des Vogelsberges, herrschen fast unverändert die Zustände der Feudalzeit. Zwar ist die Leibeigenschaft abgeschafft, aber die Bauern sind zu Abgaben an den Standesherrn verpflichtet, zu Gespanndiensten. Sie dürfen ihren Besitz nicht ohne weiteres veräußern. Die Methoden in der Landwirtschaft sind rückständig: Dreifelderwirtschaft mit Brache.
Die Bevölkerung nimmt rasch zu, während die wenigen Manufakturen (Leinewebereien) immer niedrigere Löhne zahlen. Die Straßen in diesem nördlichen Landesteil sind in einem miserablen Zustand.

Von den Bauern wird eine doppelte Steuer verlangt: die Abgaben an den örtlichen Adel und die an den Landesherrn. Solcher Doppelbesteuerung unterliegen in Nordhessen etwa die Hälfte aller Bauern und Tagelöhner. In der Provinz Starkenburg, also in der näheren Umgebung von Darmstadt, sind es 30 bis 40% der Landbevölkerung.
Bettelei und Alkoholismus nehmen immer mehr zu. Immer mehr Menschen aus der Landbevölkerung entschließen sich zur Auswanderung. Und immer wieder kommt es hier und da auf dem Land zu Revolten und Aufständen. Im Odenwald, vor den Toren von Darmstadt, singen die jungen Burschen:

Brüder, so kann's nicht gehen,
Laßt uns zusammenstehen,
Duldet's nicht mehr!
Freiheit, dein Baum fault ab,
Jeder am Bettelstab
beißt bald im Hungergrab,
Volk ins Gewehr.

Mit elf Jahren kommt Georg in die II. Klasse 2. Ordnung, in die Tertia (oder nach der heute üblichen Bezeichnung in die 8. Klasse) des Darmstädter Pädagogs, worunter man sich ein Humanistisches Gymnasium vorzustellen hat.
Zum Geburtstag des gestrengen Herrn Vaters, der aber in einem Huldigungsgedicht in Hexametern als »bester der Väter« und »geliebtester Vater«, »für dessen Erhaltung ich flehe«, bezeichnet wird, verfaßt Georg eine Erzählung, die von der wunderbaren Rettung Schiffbrüchiger vor der Küste Chinas handelt.

... Augen von der Brandung verschlungen*. Der Kapitän ließ nun die Jolle aussetzen, welche er mit drei Passagieren, vier Offizieren, sechs Matrosen und mir bestieg. Trotz der furchtbaren Wogen und der Brandung gelang es uns vom Schiff zu stoßen, welches, da wir uns kaum eine halbe Seemeile davon entfernt hatten, von einer ungeheueren Welle zertrümmert wurde, und unter einem gräßlichen

* Die Erzählung ist nur als Fragment überliefert.

Schrei, der mir jetzt noch in den Ohren gellt, versanken fast 400 Menschen in dem furchtbaren Abgrund.

Ein Katastrophenfilm als Geburtstagsgeschenk. Merkwürdig.

Die Mägde, die Köchinnen, die Kinderfrauen im Haus B. werden vom Land gekommen sein. Es war damals kein Mangel an Dienstboten. Die Bauerntöchter rissen sich um eine Stelle in der Stadt. Es gab in dem ganzen Ländchen, das sich aus drei recht unterschiedlichen Landesteilen zusammensetzte, nur fünf größere Städte, nämlich Mainz, Worms, Offenbach, Gießen und Darmstadt.
Von den Mägden und Kinderfrauen wird Georg auch die vielen Volkslieder gelernt haben.

Die da liegen in der Erden,
Von de Würm gefressen werden;
Besser hangen in der Luft,
Als verfaulen in der Gruft.

Das war das Schinderhanneslied. Georg wird es immer wieder hören.
Aber zum ersten Mal, so will ich mir's vorstellen, hat er es in der Küche in Darmstadt gehört. Und die Mutter ist hereingekommen und hat der Magd verboten, so grausige Lieder zu singen. Ihm aber ist es nachgegangen bis in den Schlaf.
Und auch Geschichten werden sich die Mägde erzählt haben. Vielleicht diese ...

Die erste Geschichte

Von der armen Hanne. In der Kirmesnacht, nach dem Tanz, ist sie mit dem Franz durch den Wald.
Ein Kind hat er ihr gemacht, und fort ist er zu den Soldaten. Er hat ihr einen Brief schreiben lassen, darin hat schwarz auf weiß

gestanden, wenn er es erst einmal bis zum Sergeanten gebracht hat, holt er sie zu sich, und das kleine Wurm bekommt einen ehrlichen Namen. Er spart auf einen goldenen Ring für die Hanne. Er trinkt nur eine Kanne Bier, wenn die anderen drei trinken.
Aber dann, als das Kind auf der Welt gewesen ist, hat der Herr, der Landgraf, dem Franz sein Regiment an die Engländer verkauft. Die haben ihn nach Amerika geschickt, zu den Indianern. Und nichts ist's gewesen mit dem goldenen Ring und dem ehrlichen Namen für das Kind.
Da haben sie im Dorf angefangen, sich das Maul zu zerreißen. Sie haben der Hanne ihre Schande auf jedes Stück Brot gestrichen, das sie hat essen dürfen. So eine wie sie mit einem hübschen Gesicht, roten Wangen und kräftigen Armen, die hätte den reichsten Bauernsohn aus dem Kirchspiel bekommen können. Aber nein, es hat ja der Franz sein müssen. Einer, der schon in der Schule nicht gut getan hat.
Sie hält das nicht mehr aus, hat die Hanne gemurmelt, wenn sie Wasser holen mußte. Sie tut sich was an, hat sie gesagt. Das hat niemand weiter ernst genommen. Wenn einer immer davon redet, tut er's nie. So sagt man doch. Und dann das.
An einem Sonntag ist das gewesen. Pulvriger Schnee auf den Feldern und Eiszapfen an den Ästen und als gläserne Bärte unter den Fensterbrettern. Alles so sauber und ordentlich. Ein paar Tage nach Neujahr. Wie es sein soll. Plötzlich haben die Glocken zur Unzeit zu bimmeln begonnen, wie bei Feuer. Es hat geheißen, die Hanne sei verschwunden, schon seit dem letzten Abend, da sie heim ist aus der Spinnstube.
Alle sind sie suchen gegangen. Unterhalb des Waldrandes haben sie sie dann gefunden, an einem Bach, mit durchgeschnittener Kehle, in der Hand noch das Rasiermesser ihres Vaters. Der Herr Doktor hat gestaunt, daß eine mit einem solchen Schnitt ein Ende mache. Da gehöre Mut dazu, hat er gesagt. Und als Selbstmörderin konnte sie nicht in geweihte Erde. Das war ein Umstand.
Jetzt sei der Bub schon vier Jahre. Und manchmal frage er, wo die Mama sei. Wenn ein Gewitter aufziehe und es donnere, sagten die Alten zu dem Kind: Horch, das ist deine Mama. Die ist bei den Engeln und spielt mit denen da oben Klicker.

Da hat sich der Georg eingemischt. Ganz verstört hat er da gefragt: Das haben sie dem Kind gesagt?
Aber die Magd, die es der Köchin erzählt hat, ist plötzlich verstummt. Sie hat sich auf die Lippen geschlagen und gerufen: Jesses, der Schorsch!
Georg ist hinausgegangen auf die Gasse, und wie er die Sonne, den blauen Himmel und die grünen Blätter gesehen hat (denn es ist Frühling gewesen), hat er nicht aufhören können an das Kind zu denken, von dem er nicht einmal den Namen gewußt hat. Er hat mit dem Kind reden wollen, und es ist eine Traurigkeit in ihm gewesen, wie er sie bis dahin nicht gekannt hat.

Mit fünfzehn Jahren (1828) verfaßt Georg Gedichte im Stil eines zu dieser Zeit bekannten und beliebten Dichters. Der Mann heißt Matthisson und stammt aus Schwaben. Die Gedichte wären nicht der Erwähnung wert, ließe sich nicht an ihnen ablesen, welche Veränderung in dem Jungen um diese Zeit vor sich geht: In einem Weihnachtsgedicht ist noch von »Gottes schimmernder Allmacht« die Rede. In einem späteren Gedicht wird die Welt als »Ort der Vergänglichkeit« geschildert. Über der Welt schwebt nun nicht mehr Gott, sondern eine symbolische Figur, die für die Zeit steht. Alles, was da ist, fällt unter der Sense, die sie schwingt.
In der Unterprima kommen ein paar der Schüler in ihrer Freizeit zu einer Clique zusammen. Sie unternehmen zusammen Spaziergänge, führen philosophische Gespräche. Georg spricht überschwenglich begeistert von Shakespeare. Es gibt Sätze, die sich wie Parolen in seinem Gedächtnis eingenistet haben und die ihm noch lange nachgehen: »Oh wär ich doch ein Narr, mein Ehrgeiz geht auf eine bunte Jacke.«
Ein Wort, das einem Jungen, dessen Vater immer alles in Hinblick auf das Fortkommen, auf die Karriere sieht, gefallen haben muß.

Mit sechzehn Jahren verfaßt Georg eine Rede, die er in der Schule halten wird. Redekunst ist in der Schule ein wichtiges Fach,

obwohl jene, die diese Kunst gelernt haben, kaum Gelegenheit finden, sie zu praktizieren, außer von der Kanzel herab.
Georg redet über den Heldentot der vierhundert Pforzheimer. Eine Legende, aber wieder eine Geschichte eines Opfers für andere. Eine pathetische Geschichte. Der Inhalt der Ansprache dürfte dem entsprochen haben, was man von dem Sohn eines Medizinalrates erwartete.
Einen Teil seiner Rede hat Georg fast wörtlich bei dem damals unter Patrioten beliebten Philosophen Fichte abgeschrieben.
Paß auf, hat Georg zu Carl gesagt, es gibt ein paar Stellen, an denen kriegen sie etwas zu hören.
Die sind doch alle längst taub, hat Minnigerode gesagt, oder?
In seiner Rede kommt Georg auf den ständig fortschreitenden Kampf der Menschheit wider ihre Unterdrücker zu sprechen.
In der Reformation sei die Glaubensfreiheit erkämpft worden. Der erste Akt.
Die Französische Revolution, mit der Europa seine politische Freiheit erkämpft habe – der zweite Akt.
Ganz Europa? Die beiden letzten Worten stehen nicht im Text seiner Rede. Man muß sie zwischen den Zeilen heraushören.

Die zweite Geschichte

Na und? hat er Carl aufgeregt gefragt, als sie sich hinterher treffen.
Sie haben wiederholt zustimmend genickt.
Auch an der bewußten Stelle?
Viele haben aber auch ein Nickerchen gemacht. Es war die vierte Rede, die sie über sich ergehen lassen mußten.
Also keinerlei Reaktion?
Nein, es ging unter. Niemand hört so genau hin. Man erwartet so etwas nicht.
Ja, ja.
Georg ist stehengeblieben.
Nimm dir das doch nicht so zu Herzen, sagt Carl.
Es geht um etwas anderes, sagt Georg, ich bin auf einen fürchterlichen Gedanken gestoßen.

Und der wäre?
Mit welcher Berechtigung gehen wir eigentlich immer davon aus, es müsse vorangehen, es müsse besser kommen? Was beweist, daß es so ist? Die Wirklichkeit beweist viel eher das Gegenteil. Oder? Selbst in Frankreich haben sie wieder einen König. Wenn es nun gar keine bestimmte Zielrichtung im Verlauf der Geschichte gäbe? Wenn sie in ihrem Verlauf keine immer weiter um sich greifende Befreiung ergäbe? Was dann?
Ach, hör auf. Du hast wieder mal deinen melancholischen Tag. Lies ein paar Zeilen Schiller, da wirst du den Glauben an die Menschheit schon wiederfinden. Was soll's? Wir ziehen diese Uhr nicht auf.
Verzeih, aber heut will ich mich aufregen.
Er hat rote Flecken im Gesicht.

Als Georg siebzehn Jahre alt ist, befaßt er sich gleich zweimal mit dem Problem des Selbstmordes. Nicht sentimental. Sachlich, kühl, frech.
Die christliche Vorstellung, daß die Welt, also die Spanne Zeit des Menschen zwischen Geburt und Tod, ein Prüfungsland sei, nennt er

einen Gedanken, der mir schon immer sehr anstößig gewesen ist, denn ihm gemäß wird das Leben als Mittel betrachtet; ich glaube aber, daß das Leben selbst Zweck sei, denn Entwicklung ist der Zweck des Lebens, das Leben selbst ist Entwicklung, also das Leben selbst Zweck.

Einmal singt er beim Schulgottesdienst statt des vorgeschriebenen Kirchenliedes halblaut die Worte des Totengräbers aus dem *Hamlet:* »Und eine Grube tief und hohl für solch einen Gast muß sein.«
So mokiert er sich über eine klischeehafte Predigt.
Einen Klassenkameraden, der still, in sich gekehrt und nachdenklich ist, den die anderen deswegen hänseln, verteidigt er: Laßt mir den Luck gehen, der meint es ernst und ehrlich.

Er macht sich auch lustig über Hegels Satz »Alles was wirklich ist, ist auch vernünftig, und was vernünftig ist, ist auch wirklich.« Wirklich sei beispielsweise dies:
Seit dem 17. Dezember 1820 hat das Großherzogtum eine Verfassung. Sie schreibt zwei Kammern vor.
In der ersten Kammer ist ausschließlich der Adel vertreten. In der zweiten Kammer sitzen sechs Mitglieder des Grundadels und Abgeordnete des bürgerlichen Mittelstandes. Das »gemeine Volk«, die »armen Leut«, die Unterschicht ist überhaupt nicht vertreten.
Gewählt wird die zweite Kammer auf die folgende Art und Weise:
Im ersten Wahlgang – die Bevollmächtigten. Um als Bevollmächtigter wählbar zu sein, muß man fünfundzwanzig Jahre zählen und jährlich zwanzig Gulden Steuern entrichten.
Im zweiten Wahlgang durch die Bevollmächtigten, je Wahlbezirk zehn Wahlmänner. Wählbar sind nur die sechzig höchstbesteuerten Bürger des jeweiligen Wahlbezirkes, die über dreißig Jahre alt sind.
Im dritten Wahlgang wählen die Wahlmänner die Abgeordneten. Wählbar sind nur diejenigen Staatsbürger, die jährlich entweder 100 Gulden an direkter Steuer zahlen oder als Staatsdiener ein jährliches Beamtengehalt von mindestens 1000 Gulden beziehen.
Spitze Zungen haben dieses Wahlverfahren »die dreifache Destillation des Volksgeistes« genannt.

Ein Schulrektor auf dem Land verdient damals im Jahr als Anfangsgehalt 350 Gulden, später dann 600 Gulden. Ein ungelernter Arbeiter verdient 1835 am Tag $3^1/_2$ Kreuzer. 60 Kreuzer machen einen Gulden. 10 Kreuzer kostet damals ein (hessisches) Pfund Ochsenfleisch. Der Staatsminister ist mit 15000 Gulden besoldet. Der Großherzog erhält für sich und seinen Hofstaat 827772 Gulden. Für das Militär werden jährlich 914820 Gulden aufgewendet.

Dafür kriegen eure Söhne einen bunten Rock auf den Leib, ein Gewehr oder eine Trommel auf die Schulter und dürfen jeden Herbst einmal blind schließen und erzählen, wie die Herren vom Hof und die ungeratenen Buben vom Adel allen Kindern ehrlicher Leute vorgehen und mit ihnen in den breiten Straßen der Städte herumziehen mit Trommeln und Trompeten. Für jene 900000 Gulden müssen eure Söhne den Tyrannen schwören und Wache halten an ihren Palästen. Mit ihren Trommeln übertäuben sie eure Seufzer, mit ihren Kolben zerschmettern sie euch den Schädel, wenn ihr zu denken wagt, daß ihr freie Menschen seyd. Sie sind die gesetzlichen Mörder, welche die gesetzlichen Räuber schützen ...

Es gibt Dinge, über die man sich mit sechzehn, siebzehn Jahren besonders aufregt, später legt sich das. Später nimmt man Vernunft an – so heißt das, wenn man lernt, sich anzupassen.
Worüber empört sich Georg?
Wut im Bauch hat er auf all jene, die »Wohlsein als den einzigen Zweck ihrcs Lebens ansehen, die jedes höheren Gefühls unfähig sind und verlustig der wahren Menschenwürde Vernunft nur gebrauchen, um tierischer als ein Tier zu sein.«
So etwas haben sich Erwachsene noch zu keiner Zeit von einem Sechzehn-, Siebzehnjährigen gern unter die Nase reiben lassen.

In Frankreich bricht am 29. Juli 1830 eine Revolution aus. Mit der Thronbesteigung des Bürgerkönigs Louis Philipp von Orléans aus einer Nebenlinie der Bourbonen kommt das Großbürgertum an die Macht.
»Von jetzt an werden die Bankiers herrschen!« versichert Lafitte, als er den von der Kammer hastig ausgerufenen König im Triumph zum Rathaus geleitet.
Daheim in Darmstadt liest Georgs Vaters abends manchmal aus einer Zeitschrift vor, in der nacherzählt wird, wie es in der Großen Revolution in Frankreich 1789 zugegangen ist.
In der Schreckensherrschaft unter dem tugendhaften Robespierre verschlang die Revolution ihre eigenen Kinder. Danach verschlang der Schrecken den Schrecken. Endlich. Unter dem Direktorium fand die Revolution zur Mäßigung zurück. Andere sagen, sie sei in das Stadium der Korruption übergegangen. Napoleon, erst General der Revolution, dann Konsul, dann Kaiser, rückte die Dinge wieder zurecht, die aus den Fugen

geraten waren. Mit Napoleons Garde ist Georgs Vater als Feldscher weit herumgereist.
Hinterher hört sich das immer so an, als sei so ein Krieg doch eine ganz tolle Sache.
… immerhin doch allerhand erlebt.
… immerhin doch eine ganze Menge von der Welt zu sehen bekommen.
… immerhin doch was aushalten gelernt.
Ein bißchen Härte würde euch gar nichts schaden.
So erzählen die Überlebenden.
Die Toten sind tot.
Die Mutter hat Verwandte im Elsaß, also in Frankreich. So wird sich die Familie B. auch eine Meinung darüber gebildet haben, was denn von dieser Revolution zu halten sei, die jetzt im Sommer 1830 Frankreich durchschüttelt. Eine Revolution, die leicht ins westliche Deutschland hinüberschwappen könnte. Von Paris auf Mainz im Jahre 1793. Warum nicht jetzt von Paris und Straßburg auf Mainz und Darmstadt?

Die dritte Geschichte

In der Klasse läuft ein Blatt um, auf dem steht:

Hier liegt – ein Höfling winde sich als Schlange
Um seines stolzen Meisters Aschenkrug –
Hier liegt der Herrschaft Sohn, der ach zu lange
Ein gutes Volk mit goldnen Ruten schlug.
Hier liegt ein geiler, eitler Pfaffe.
Ein großer Narr aus Großmannssucht,
Der bald die Dummheit, bald Vernunft verflucht.
Des Weisen itzt und dann des Toren Affe.
Nimm, Gott, ihn ja nicht in den Himmel ein!
Sonst glaubt er auch ein Gott zu sein;
Schick ihn zur Höll, und er wird ohne Zweifel
Erzkanzler von dem Reich der Teufel.

Lauffer bemerkt das Blatt, da es Trapp offen auf der Bank liegen hat und es gerade durchliest.
Lauffer, der in der Klasse Griechisch unterrichtet, will von Trapp wissen, wo er das Blatt her habe.
Trapp setzt eine Unschuldsmiene auf und antwortet: Es fiel geradewegs vom Himmel, Magister Lauffer. Der Inhalt der Verse ist mir ein Rätsel mit sieben Siegeln.
Lauffer fixiert ihn, rafft das Blatt auf, knüllt es zusammen und läßt es verschwinden. Mir gegenüber, mein Bester, sagt er dann, mag das als Antwort hingehen. Wenn dich aber je ein Gendarm mit so etwas antrifft, sagst du besser: Es muß eben aufgewirbelt worden sein aus der Hölle. Haben wir uns verstanden? Und nun zu Thukydides, ihr Knaben!

Mit sechzehn besucht Georg die sogenannte Selecta, eine Übergangsstufe zwischen Gymnasium und Universität, deren Enzyklopädie-Kurse denen der heutigen Sekundarstufe II so unähnlich nicht sind. In einem dieser Kurse im Sommerhalbjahr 1830 muß sich Georg mit Numismatik, also mit Münzkunde, befassen.
In einem erhaltenen Skript finden sich sarkastische Bemerkungen, daß man von einer solchen Art der Gelehrsamkeit wahrlich krank werden könne. Auch die Symptome der Krankheit werden genannt: Langeweile und Anspannung.
In den Heften aus dem Winterhalbjahr 1830 – jetzt beschäftigen sich die Schüler mit Archäologie und Malerei und versuchen unter anderem Hieroglyphen zu entziffern – häufen sich die Kritzeleien, die Ausrufe und Flüche:
O mon dieu! Will denn die Zeit nicht verrinnen?
Verdammte Buchstabengelehrsamkeit!
Verdammtes Sich-fügen-müssen!

… beispielsweise jene Rede am 29. September 1830, die im Programm des Ludwig-Georg-Gymasiums zu Darmstadt wie folgt angekündigt wird: Georg B. wird in einer deutschen Rede den Cato von Utica zu rechtfertigen suchen.
Es geht um eine Episode aus der römischen Geschichte: Nach dem Sieg des Cäsar, der sich zum Diktator aufgeschwungen hat, begibt

sich Cato, begleitet von wenigen Freunden, nach Utica und versucht, die Bürger der Stadt für die Sache der Freiheit einzunehmen. Aber dort will keiner etwas riskieren. Niemand ist zu politischem Widerstand gegen Cäsar zu bewegen. Darauf tötet Cato sich selbst.

Eine ziemlich rigorose Geschichte. Und wieder ein Selbstmordfall.

Was Cäsar betrifft, so mangelt es bei Georg ohnehin an der den Schülern von den Lehrern anempfohlenen Bewunderung, die nur vom schönen Stil ausgeht, den der Mann schreibt, vom klassischen Latein. Georg achtet auf anderes.

Einmal bekommt er die Aufgabe, eine Apostrophe Ciceros an Cäsar zu übersetzen. Sie lautet: Durch welche Lobsprüche sollen wir dich, den wir vor uns sehen, erheben, mit welchem Eifer dir nachahmen, mit welchem Wohlwollen dich umfassen?

Schmus.

Georg hat sich die Antwort *dagegen* ausgedacht, und die lautet so: Wahrlich nur dadurch, indem wir dir die Tintenfässer an den Kopf werfen, der du uns die blühende Welt der Alten zur Wüste machst!

Nein, das habe ich nicht erfunden. Das steht in Georgs Lateinheft, nicht in seinem Redemanuskript.

In der Rede liefert Georg genau das Pathos, das Pauker und Eltern erwarten. Doch zwischen den Klischees sind Widerhaken eingebaut. Er wird hier keineswegs deutlicher als in der ersten Rede. Eher ist er noch vorsichtiger. Es sind unruhige Zeiten. Er steht kurz vor dem Schulabschluß und denkt nicht daran, auszuflippen, jetzt irgendein Risiko einzugehen. Das wäre sinnlos.

Aber für Eingeweihte steht dann doch wieder dieses und jenes zwischen den Zeilen.

Zuerst bekommen die guten Christen einen Nasenstüber versetzt. Jene, die sich über jedweden Selbstmörder hochmütig empören und finden, so einer möge ruhig an der Kirchenmauer außen vor bleiben.

Cato der Selbstmörder.

Ist der Selbstmord, sein Selbstmord, zu billigen oder zu verurteilen? Darüber denkt Georg laut nach und sagt:

man hört nämlich so oft behaupten, subjektiv ist Kato zu rechtfertigen, objektiv zu verdammen d.h. von unserm, vom christlichen Standpunkt aus ist Kato ein Verbrecher, von seinem eigenen aus ein Held. Wie man aber diesen christlichen Standpunkt hier anwenden könne, ist mir ein Rätsel geblieben ...

Plötzlich ist sie fort, die Sklavensprache.

Es ist ja doch ein ganz eigener Gedanke, einen alten Römer nach dem Katechismus kritisieren zu wollen.

Und es kommt noch besser in dieser Rede. Unter dem Vorwand, es gehe um Cato, wird da von etwas anderem gesprochen. Von der für Menschen zu allen Zeiten so wichtigen Frage: Anpassung oder Widerstand?

Georg nähert sich dem heiklen Punkt mit List und mit einem mehrfachen Salto. Man muß verdammt scharf aufpassen, um mitzukriegen, was hier gemeint ist. Sinngemäß wird da erklärt: Manche sagen, Cato habe Charakterstärke bewiesen, indem er den Tod wählte.

Falsch, sagen andere. Charakterstärke beweise man vielmehr dadurch, daß man sich in das nun einmal Unvermeidliche schicke.

Abermals falsch, versucht Georg in seiner Rede klar zu machen, denn:

... daß dieses Schicken in alle Umstände eine Vollkommenheit sei, kann ich nicht einsehen, denn ich glaube, daß das große Erbteil des Mannes sei, nur *eine* Rolle zu spielen, nur in *einer* Gestalt sich zu zeigen, nur in das, was er als wahr und recht erkannt hat, sich fügen zu können.

Ich behaupte also im Gegenteil, daß grade dieses Unvermögen, sich in eine seinen heiligen Rechten, seinen heiligsten Grundsätzen widersprechende Lage zu finden, von der Größe, nicht von der Einseitigkeit und Unvollkommenheit des Kato zeugt ...

Gewiß haben wieder alle geklatscht. Aber merkten sie überhaupt, was sie da beklatschten? Denn: hier macht einer ernst, hier trifft einer Aussagen über seine Gesinnung. Georg meint, Cato ist

insofern ein Vorbild, als er nicht bereit ist, aufzugeben, was er einmal als wahr und recht erkannt hat. Daß er nicht klein beigibt, sich nicht fügt, daß er Widerstand leistet, sich nein zu sagen getraut. Absolut nein. Mit seinem Leben nein.
Wenigstens ein paar von denen, die ihm zuhörten, müssen es auch so begriffen haben. Sofern es Lehrer gewesen sind, werden sie darüber hinweggegangen sein. Hätten sie ihn deswegen angesprochen, er hätte entschieden bestritten, etwas anderes gemeint zu haben als Catos Geschichte. Und wie wollten sie ihm beweisen, daß …
Sollen sie ihm etwa vorhalten, man könne das alles auf sie selbst gemünzt verstehen, auf gewisse Unruhen im Großherzogtum und wie sich einer verhalten solle, ja müsse, angesichts dessen, was da vorgefallen ist?

Vorgefallen vor den Augen aller ist nämlich in jenem September 1830 eben dieses: Während sich seit dem 24. September ein bäuerlich-plebejischer Aufstand gegen den Grundadel und die Zollstationen in Oberhessen ausweitet, wird das gesamte großherzogliche Heer mobilisiert. Als sich die Aufständischen der Landeshauptstadt nähern, wird sogar die Aufstellung einer Bürgergarde gegen sie erwogen.
Eine der beiden Schwestern Georgs, Luise B., hat über die politischen Ereignisse dieses Herbstes später einen Bericht verfaßt, der uns noch etwas genauer ins Bild setzt:

Vornehmlich in den Standesherrschaften war die Erbitterung groß, weil dort noch die Feudallasten neben den Staatslasten auf das geringe Volk drückten. Dies war auch die Veranlassung, warum gerade in Oberhessen, wo sich noch viele Standesherrschaften befinden, die Empörung in eine Art von Bauernkrieg ausartete.
Sonst nirgends war dem kleinen Mann die Steuerlast so empfindlich als dort; auf einen Kopf allein konnte man 6 Gulden 12 Kreuzer rechnen. Eine Reise des neuen Regenten, Ludwig II., die er bei seiner Thronbesteigung durch das Land gemacht, hatte 100000 Gulden gekostet; vorhergehende Zerwürfnisse mit den Ständen, welche die Forderung eines neuen Schloßbaues für den nunmehri-

gen Erbprinzen abgelehnt hatten, verbitterten die Stimmung noch mehr ...

Dieser oberhessische Aufstand war in den Septembertagen 1830 ausgebrochen; unter Trommelschlag, einem steten Anschwellen ihrer Haufen, mit den Rufen ›Freiheit und Gleichheit!‹ zogen die Bauerntrupps von Ort zu Ort. In Büdingen zwangen sie den Grafen Isenburg, eine Strecke weit mit ihnen zu ziehen. Von da wandten sie sich gegen Ortenberg, zerstörten in Nidda das Haus des Landrichters und breiteten sich dann in drei Richtungen nach der Wetterau, dem Vogelsberg und nach Butzbach hin aus. Das traurige Zwischenspiel fand dort ein Ende, während man sich in Darmstadt im Schloß schon zur Flucht vorbereitete und selbst der Bundestag in Frankfurt gezittert hatte.

Der Prinz Emil, ein Bruder des Großherzogs, wurde nach Oberhessen entsendet, und drei Militärkolonnen sollten den Aufstand einschließen, als ein blutiges Zusammentreffen bei dem Dorf Södel die Sache schnell beendigte, aber eine furchtbare Erbitterung zurückließ.

Die Dragoner, die man von Butzbach berufen, hatten ohne weiteres, vor der gesetzlichen Aufforderung an die Leute auseinanderzugehen, in das unbewaffnete Volk hineingehauen und dabei Leute verletzt und getötet, die sich gerade bemühten, die Haufen durch vernünftiges Zureden zu zerstreuen. Es war eine große, unverantwortliche Brutalität, die dort begangen wurde.

Endlich, im März 1831, erhält Georg sein Abschlußzeugnis ausgestellt. (Ein Abitur gibt es damals noch nicht.) Es bescheinigt ihm im Lateinischen »fließenden Ausdruck« sowie »vorzügliches Interesse für die teutschen Lectionen bei vorzüglicher Auffassungs- und Darstellungsgabe, bedeutende Geschichtskenntnisse« und lediglich in Mathematik »unterdurchschnittliche Leistungen.« Aber dann enthält dieses Zeugnis noch eine Bemerkung, bei der man stutzt:

... von seinem klaren und durchdringenden Verstand haben wir eine viel zu vorteilhafte Ansicht, als daß wir glauben könnten, er würde jemals durch Erschlaffen und Versäumnis oder voreilig absprechende Urtheile seinem eigenen Lebensglück im Weg stehen.

Und als ob der da Zeugnis Gebende im letzten Augenblick vor seiner eigenen Kritik zurückgeschreckt sei, hat er noch hinzugefügt, Georgs Benehmen berechtige zu »Hoffnungen«, auch auf »Herz« und »Gesinnung«.
Von der Wendung »voreilig absprechende Urtheile« müssen noch ein wenig Rost und Schimmel abgekratzt werden. Dann kommt darunter zum Vorschein, daß dieser Georg B. schon in der Schule dazu neigte, unbequeme Fragen zu stellen, Kritik zu üben und zu radikalem, das heißt bis an die Wurzeln nachforschendem Denken anzustiften, Eigenschaften, die der großherzoglichen Prüfungskommission suspekt gewesen sein mögen.

Studieren will Georg im Ausland, in Straßburg. Die Mutter hat dort Verwandte. Ein Onkel ist Professor für Theologie, Sanskrit und Bibelkunde. Dem Vater mit seinen frankophilen Träumen, die aus der eigenen Jugend herrühren, mag es recht gewesen sein. Aber damit allein ist noch nichts entschieden. Die hessische Obrigkeit bestimmt: der akademische Nachwuchs gehört an die heimische alma mater, wo man ihn unter Kontrolle hat und darauf Einfluß nehmen kann, daß sich bei den angehenden Juristen, Theologen und Medizinern das rechte Untertanenbewußtsein entwickelt.
Für ein Studium im Ausland bedarf es einer Sondergenehmigung des Großherzoglichen Ministeriums des Innern und der Justiz. Dieses geruht, wohl nicht zuletzt dank des guten Leumunds und der Beziehungen des Herrn Medizinalrats B., dem Gesuch gnädigst zu entsprechen. Allerdings wird Georg spätestens nach zwei Jahren an die Landesuniversität, die Ludoviciana in Gießen, zurückkehren müssen.
In den Wochen zwischen Schulabschluß und Beginn des Medizinstudiums in Straßburg arbeitet Georg im medizinischen Labor des Vaters.
In diese Wochen fällt ein Ereignis, von dem ein ehemaliger Klassenkamerad berichtet:

Im Sommer 1831 begegnete ich Georg einmal in der Dämmerung am Jägertor. Er sah sehr ermüdet aus, aber seine Augen glänzten. Auf

meine Frage, wo er gewesen sei, flüsterte er mir ins Ohr: »Ich will's dir verraten: den ganzen Tag am Herzen der Geliebten!«
»Unmöglich«, rief ich.
»Doch«, lachte er, »von Morgen bis Abend in Einsiedel und dann in der Fasanerie.«

Für Georg ist die Liebe mindestens ebenso wichtig gewesen wie die Revolution.
Was haben sie geredet? Was hat sich abgespielt?
Daß Georg für ein »gefallenes Mädchen« geschwärmt hat, ist schon erwähnt worden. Diese Mitteilung stammt von seinem Straßburger Freund, Alexis Muston, und ist datiert im Sommer 1833.
Es gibt dann aber noch einen Brief vom Dezember 1835. Georg schreibt an seinen Bruder Ludwig, der elf Jahre alt ist und Klavierstunden nimmt:

Prost Neujahr Hammelmaus!
Ich höre, daß du ein braver Junge bist, die Eltern haben ihre Freude an dir. Mache, daß es immer so sey. Es ist mir ein schönes Weihnachtsgeschenk dieß von dir zu hören ... Ist Lottchen Cellarius mit dir zufrieden, und ist es mit dem Stück am Weihnachtsabend gut gegangen?
Wenn du in die Klavierstunde gehst, so sage dem Fräulein Lottchen einen schönen Gruß von mir, aber sage um des Himmelswillen niemand ein Wort davon ...

Niemand wird mit letzter Sicherheit behaupten können, daß es sich bei dem Mädchen oder bei der jungen Frau, die Georg im Stadtwald traf und mit der er durch die Fasanerie spazierte, um die Klavierlehrerin Charlotte Cellarius und bei dieser wiederum um jenes gefallene Mädchen gehandelt hat, von dem ihn Muston schwärmen hörte. Jedenfalls nicht, wenn es um Forschung, um Dokumentation, um durch Quellen Belegbares geht.
Benutzen wir unsere Phantasie!
Ich erzähle die Geschichte so. Man könnte sie auch anders erzählen.

Er liebt Charlotte seit jenem Tag, da er an dem gelben Haus vorbeigekommen ist und er sie zufällig von der Straße aus durch das offene Fenster beobachtet hat, wie sie ihr Haar bürstet.
Zunächst ist nur das Erstaunen über diese Flut glänzenden Haars. Da ist er neun gewesen, stelle ich mir vor – und sage mir niemand, man könne sich mit neun nicht verlieben.
Danach hat er sie lange nicht mehr gesehen. Manchmal hat er Musik gehört aus diesem Haus, wenn er auf dem Weg zur Schule dort vorbeigegangen ist. Klaviermusik. Ein Lied, das jemand auf dem Klavier begleitet.
Musik und dieses Haus haben ihn immer wieder an sie erinnert.
Als er sie zum ersten Mal sieht, wie sie vor dem Spiegel steht, hat er nur auf das Haar geachtet, nicht auf das Gesicht. Das kann er sich vorstellen, wie er will. In seiner Vorstellung wechselt es im Laufe der nächsten zwei, drei Jahre mehrmals.
Er hört über sie reden. Mal hier, mal dort, aber er begegnet ihr nie. Seltsam, in einer so kleinen Stadt. Es ist, als lebe sie in einer anderen Welt, die aber auch in dieser Stadt sein muß. Fast immer sind es nur einzelne Worte, die er über sie hört.
Der Staatsrat Beseler soll sie aushalten, hört Georg den Vater sagen.
Das muß uns nicht kümmern, erwidert die Mutter, sie ist die beste Lehrerin in der Stadt.
Das hat man mir auch gesagt, stimmt der Vater zu. Damit ist es beschlossene Sache, daß Georg zu ihr in die Klavierstunde geschickt wird.

Er hat Herzklopfen, als er sich mit der Mutter dem gelben Haus nähert. Er sieht eine junge Frau vor sich, groß, in einem weißen Kleid mit einer roten Schärpe um die Hüfte. Das lange Haar fällt jetzt nicht offen. Es ist zu einem Chignon zusammengesteckt. Wenn er auf diesen Wulst an ihrem Kopf starrt, kommt es ihm vor, als sei er dazu da, etwas zu verbergen.
Charlotte legt der Mutter sachlich ihre Unterrichtsmethode dar. Vom Honorar für die Stunden ist dann die Rede. Die Mutter

widerspricht ihrer Forderung, aber Charlotte läßt sich nicht herunterhandeln.
Jemand, der weiß, was er wert ist.
Georg kommt aus dem Staunen über die Wirklichkeit dieses Gesichts nicht heraus. Die Augenbrauen sind schwarz. Rabenfedern. Die Augäpfel treten leicht hervor. Das gibt diesem Gesicht einen Ausdruck von Hochmut, von Abweisung.
Sie ist streng, was die Musik angeht. Sie verlangt etwas. Manchmal ist er betrübt, weil er gern besser spielen würde. Sie tröstet ihn, erklärt ihm, wo seine Grenzen sind, ohne ihn zu verletzen.
Er sieht sie ein-, zweimal im Theater in einer Loge. Sie spielt mit ihrem Fächer. Ein kleiner Mann mit einem weißen Backenbart sitzt neben ihr, beugt sich zu ihr hin. Das Kleid, das sie trägt, nennen die Leute ziemlich gewagt.
Er hat seine Freude an der weißen Haut. Das Paar in der Loge lacht. Sie müssen vertraut miteinander sein. Georg sagt sich: Ich sehe sie übermorgen. Ich gehe jeden Tag an dem gelben Haus vorbei.
Er übt daheim Klavier mit einer Ausdauer, die noch auffallen wird.
Er spielt die Beethoven-Sonatine ohne Fehler. Für ihn klingt es großartig. Sie will es präziser.
Er muß sich zusammennehmen, um nicht plötzlich loszuheulen.
Etwas ganz anderes ist ihm eingefallen. Sie merkt das sehr wohl. Sie kennt ihn gut genug. Was hast du? fragt sie.
Ich will es von Ihnen hören ... und die Wahrheit bitte, fängt er an.
Später denkt er: Es muß sehr komisch geklungen haben.
Was willst du von mir hören? Die Sonatine? Soll ich sie dir einmal vorspielen?
Ja, bitte.
Er ist ganz ruhig, während sie spielt. Nachdem sie aufgehört hat, sagt er: Danke. Aber ich meinte etwas anderes ... Haben Sie einen Mann?
Zuerst lacht sie heraus. Aber das Lachen klingt nicht heiter. Einen Mann, einen Mann, wiederholt sie.
Ich meine ..., er stockt gleich wieder, ... die Leute reden. Man sagt, Sie hätten keinen Mann, wohl aber ein Kind. Am liebsten

sagte ich darauf: Und wenn schon ... ich nähme sie trotzdem gern zur Frau.
Es ist falsch. Es war völlig falsch. Sie wird böse sein. So sagt man das nicht.
Aber es geschieht ein Wunder. Sie fährt mit ihrer Hand über seinen herabhängenden Arm. Ach Georg, sagt sie, ein so schönes Kompliment ist mir seit langem nicht mehr gemacht worden.
Er will wieder anfangen, Klavier zu spielen. Sie legt eine Hand auf seine linke Hand, wie immer, wenn sie ihn unterbricht. Nein, sagt sie, jetzt müssen wir miteinander reden.
Sie erzählt ihm, daß sie Sängerin an einem Theater gewesen ist, von dem Mann, den sie damals geliebt hat, von ihrem Kind, das in einer anderen Stadt lebt. Von dem Mann, der von ihr und dem Kind nichts mehr wissen will. Davon, daß sie das Kind manchmal besuchen fahre. Daß sie die Leute bezahlen müsse, bei denen es in Pflege sei. Georg erfährt auch, wer der Herr in der Loge gewesen ist. Daß er manchmal zum Tee kommt. Daß er ihr andermal seine Kutsche schickt oder seinen Landauer. Daß sie ihn nicht liebt, aber immer für ihn Zeit haben sollte, weil er ihr das Geld gibt für das Haus, für die Zofe, für das Kind. Ein Name fällt, den Georg kennt. Ein einflußreicher Mann, jemand, der das Ohr des Großherzogs hat.
Sie redet mit Georg wie mit einem Erwachsenen. Das gefällt ihm.
Aber Sie lieben ihn nicht, oder? fragt er.
Ganz recht, sagt sie, ich bin seine Geliebte, aber ich liebe ihn nicht.
Ich möchte Sie lieben, sagt er.
Sie sitzt ganz ruhig da, als denke sie über etwas nach.
Er küßt sie. Sie läßt sich von ihm küssen.
Sie steht auf, drängt ihn von sich fort, wendet sich ab, richtet ihre Frisur, die in Unordnung geraten ist. Du mußt jetzt gehen, Georg, sagt sie.
Er ist glücklich, als er geht. Keine Frage, daß sie ihn liebt.
Ein paar Tage später erzählt die Mutter, sie habe Mademoiselle Cellarius getroffen. Sie habe ihr gratuliert zu den großen Fortschritten, die Georg in letzter Zeit gemacht habe. Sie gebe zu überlegen, ob man ihn nicht in Zukunft beim Herrn Hofkapellmeister in den Unterricht schicken wolle.

Wahrscheinlich wird sie seiner nicht mehr Herr … der Bengel, raunzt der Vater.
Ach was, versichert die Mutter, davon sei mit keiner Silbe die Rede gewesen. Sie streicht noch einmal die Fortschritte heraus, die Mademoiselle Cellarius erwähnt hat.
Der Vater schüttelt den Kopf. Ich meine, sagt er, wir sollten es jetzt fürs erste einmal gut sein lassen mit der Musik bei Georg, da er das Festtagsstück recht und schlecht klimpert. Aber die Mathilde könne nun zur Cellarius in die Stunde.
Für Georg ist das Verrat. Er ist wütend auf sie. Er kann darüber mit niemandem sprechen. Es schmerzt.
Manchmal, wenn er nachts wachliegt, stellt er sich vor, er werde zu ihr gehen, sich von der Zofe anmelden lassen. Falls sie ihn nicht vorlassen sollte, könnte er die Zofe einfach beiseite schieben.
Aber er tut es nicht. Statt dessen horcht er Mathilde aus. Ob Mademoiselle Cellarius nach ihm gefragt habe.
Nein.
Immer das gelbe Haus.
Jeden Tag muß er zweimal dort vorbei.
Einmal träumt ihm, er trete mit Charlotte in einer Komödie von Shakespeare auf. Ihr Gesicht kann er in der Phantasie jeder Zeit wieder lebendig werden lassen. Er muß sich nur ein wenig konzentrieren.
Schwieriger ist es mit der Stimme, mit ihrem Geruch. Und es ist ganz und gar nicht dasselbe, ob er sich mit den Fingern der rechten Hand über den linken Arm streicht oder ob sie es tut.
So geht es bis zu jenem Sommer, da die Schule zu Ende ist und das Studium noch nicht begonnen hat. Er treibt sich in den Wiesen vor der Stadt herum, weil er Frösche fängt zum Sezieren. Manchmal geht er auch lange durch den Wald. Nur, um allein zu sein, um nachzudenken.
Einmal kommt ihm ein offener Wagen auf einem Waldweg entgegen. Darin sitzt Charlotte. Wie selbstverständlich läßt sie anhalten, heißt ihn einsteigen.
Sie reden wie alte Bekannte. Sie sind alte Bekannte. Sie sind vertraut, und doch ist jetzt etwas anders.
Er fühlt sich leicht.

Du hast mir sehr wehgetan damals, sagt er.
Ich weiß. Es gab keine andere Möglichkeit. Es hat mir auch wehgetan.
Laß bitte anhalten, sagt er.
Sie steigen aus.
Kannst du nicht den Wagen fortschicken?
Arm in Arm spazieren sie auf dem Waldweg, dem davonfahrenden Wagen hinterdrein.
Später sagt er: Es war der Wagen von Beseler, nicht wahr?
Sie nickt. Warum?
Ich kann dich nicht in einem Wagen küssen, der Beseler gehört, oder?
Nun ist er ja fort, sagt sie.

Georg ist jetzt unterwegs zwischen Butzbach und Offenbach. Das wollen wir nicht vergessen.
Es ist bekannt, daß er wegen der Grenzen und Zollposten von Frankfurt her nach Offenbach hineingegangen ist.* Er selbst hat davon geschrieben. Aber ich mag mich jetzt nicht um den genauen Verlauf der Grenzen des Großherzogtums, der Freien Reichsstadt und des Kurfürstentums Hessen-Kassel kümmern. Ich mag jetzt keine Abenteuergeschichte daraus machen, wie er über die Grenzen gekommen ist, am Zoll vorbei. Ich sage nur: Es ist die Stunde zwischen Tag und Nacht. Er läuft zu Fuß. Manchmal nimmt ihn ein Fuhrwerk oder ein Postillion ein Stück mit. Es ist August und schätzungsweise zwischen vier und fünf Uhr morgens. Er läuft von Nordosten nach Südwesten, also wird es hinter ihm langsam hell geworden sein.

* Siehe Karte S. 2.

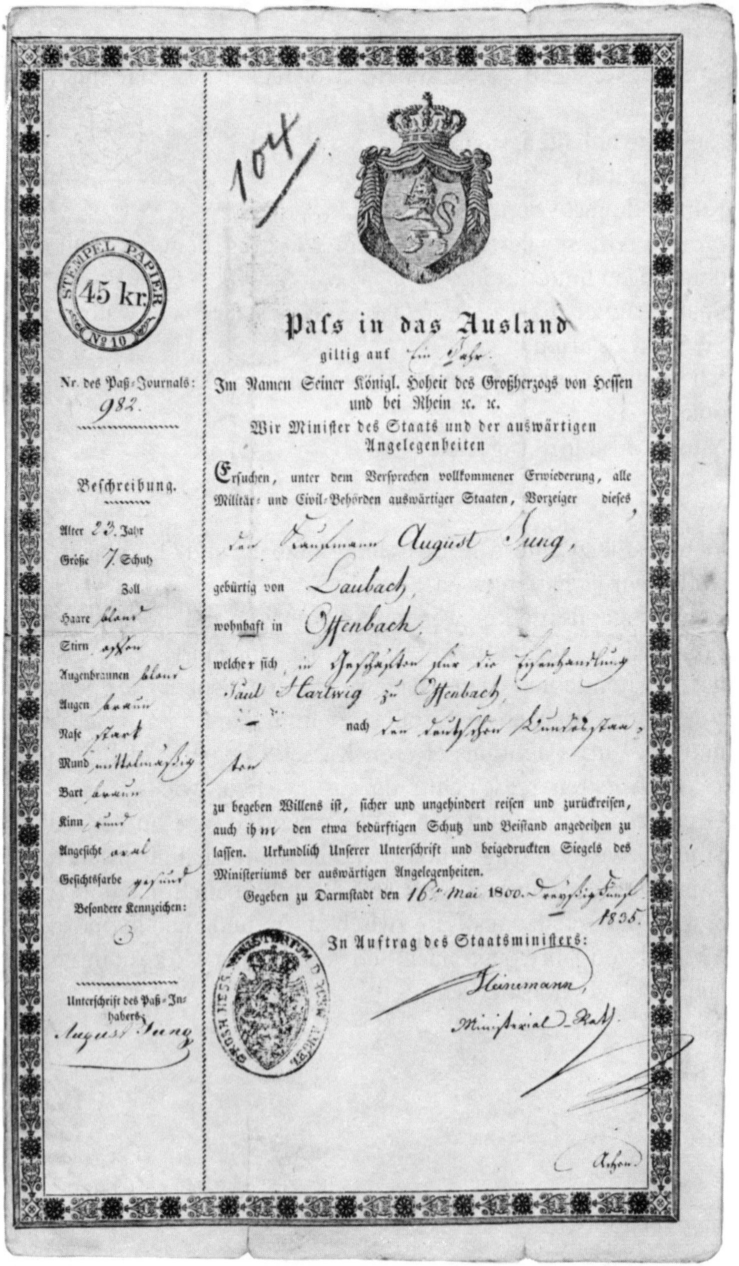

104

STEMPEL PAPIER 45 kr. № 10

Nr. des Paß-Journals: 982.

Beschreibung.

Alter 23. Jahr
Größe 7. Schuh
Zoll
Haare blond
Stirn offen
Augenbraunen blond
Augen braun
Nase stark
Mund mittelmäßig
Bart braun
Kinn rund
Angesicht oval
Gesichtsfarbe gesund
Besondere Kennzeichen:

Unterschrift des Paß-Inhabers:
August Jung

Paß in das Ausland

giltig auf ein Jahr.

Im Namen Seiner Königl. Hoheit des Großherzogs von Hessen und bei Rhein ꝛc. ꝛc.
Wir Minister des Staats und der auswärtigen Angelegenheiten

Ersuchen, unter dem Versprechen vollkommener Erwiederung, alle Militär- und Civil-Behörden auswärtiger Staaten, Vorzeiger dieses

den Kaufmann August Jung,

gebürtig von Laubach,

wohnhaft in Offenbach,

welcher sich in Geschäften für die Eisenhandlung Paul Hartwig zu Offenbach, nach den deutschen Bundesstaaten,

zu begeben Willens ist, sicher und ungehindert reisen und zurückreisen, auch ihm den etwa bedürftigen Schutz und Beistand angedeihen zu lassen. Urkundlich Unserer Unterschrift und beigedruckten Siegels des Ministeriums der auswärtigen Angelegenheiten.

Gegeben zu Darmstadt den 16. Mai 1800. Dreyßig fünf 1835.

In Auftrag des Staatsministers:

Heinemann,
Ministerial-Rath

Ein Paß von 1835 – Grenzübertritte waren kompliziert.

Miltenberg
Frankfurt 5 Novbr 1835
Frankfurt a. M. den 5 Nov. 1835
Gesehen bey der Königlich-Bayerischen Gesandtschaft
Miltenberg
FRANKFURT
Chausseegeld
27
No. 847
November 1835.
POLIZEY BUREAU
November 1835.

Ehe er nach Straßburg geht auf die Universität, ist er noch einmal bei ihr gewesen in dem gelben Haus. Jetzt ist es anders.
Ihre Finger fahren durch sein Haar. Plötzlich wendet sie sich ab. Sie geht hinüber ins andere Zimmer. Er folgt ihr zögernd. Es ist jenes Zimmer, in dem er sie zum ersten Mal gesehen hat, in dem sie vor dem Spiegel stand.
Sie tritt vor das Fenster und zieht die Vorhänge zu. Trotzdem ist es nicht ganz dunkel. Etwas von dem Nachmittagslicht sickert durch die Flächen des Stoffes.
Sie stehen vor dem großen Bett. Sie nimmt sehr ruhig den Überwurf ab, faltet ihn zusammen und legt ihn auf einen Stuhl. Dann greift sie mit beiden Händen an den Hinterkopf, zieht Kämme und Nadeln aus dem Haarknoten. Sie wendet sich Georg zu, hebt das Kleid, streift es über den Kopf. Für einen Augenblick verhüllt es ihr Gesicht, ihre Arme.

Als er nun in der schönen Stadt Offenbach drinnen ist, muß er eine Entscheidung treffen. Wen soll er zuerst warnen: Carl Preller oder Schütz? Gewiß, es geht nicht um Minuten. Aber indem er sich spontan entschließt, zuerst zu Preller zu gehen, legt er sich auch sogleich bewußt Rechenschaft darüber ab.
Preller hat Familie. Schütz hat ein Mädchen. Schütz kann untertauchen und fliehen. Für Preller wäre die Entdeckung der Ruin seiner bürgerlichen Existenz. Schütz ist Mitglied der *Gesellschaft der Menschenrechte*, ein Engagierter, ein Radikaler wie Georg selbst. Jemand, der jederzeit auf Verwicklungen gefaßt sein muß. Preller aber ist von Georg gewonnen worden, er hat ihn in diese subversive Tätigkeit geradezu hineingelockt.
Georg lacht vor sich hin, während er sich Prellers Haus nähert. Er sieht Preller vor sich. Ein rechtschaffener Mensch, wenn es je so etwas wie einen rechtschaffenen Menschen gegeben hat.

Im Frühjahr 1834, kurz nach der Gründung der Gießener Sektion der *Gesellschaft der Menschenrechte,* ist beschlossen worden, daß eine Flugschrift zur Agitation entworfen werden solle. Dazu hat sich Georg bei Weidig, den er erst seit kurzem kennt und mit dem es von Anfang an gewisse Spannungen gegeben hat, die *Statistisch-topographisch-historische Beschreibung des Großherzogtums Hessen* ausgeliehen. Fast alle Mitglieder der Geheimgesellschaft haben sich damals mit Entwürfen versucht. Aber Georgs Text hat am meisten überzeugt. Bis auf die Handschrift. Die ist so liederlich gewesen, daß Becker das Manuskript noch einmal hat abschreiben müssen.

Als sie sich dann gefragt haben, wer so etwas drucken würde, ging es nicht mehr weiter.

Sie haben niemanden gewußt.

Alle in der Gruppe haben versprochen, sich umzutun. Es hat verschiedene Kontakte gegeben, ohne Erfolg.

In den Osterferien, nach dem Besuch bei Minna in Straßburg, ist Georg in Darmstadt gewesen. Er hat auch dort eine Sektion aufgebaut, zu der außer drei ehemaligen Mitschülern auch fünf Handwerker, nämlich der siebzehnjährige Jacob Koch, Bäcker, der fünfundzwanzigjährige Gärtnergehilfe Daniel Mahr, der einundzwanzigjährige Geometer Christian Möser, der zweiundzwanzigjährige Metzgergeselle Johann Georg Müller und der Schmiedemeister Wilhelm Wetzel gehörten. Leute, in den Frankfurter Wachensturm des Jahres 1833 verwickelt, die den Auftrag gehabt hatten, gleichzeitig einen Aufstand in Darmstadt auszulösen. In dieser Sache waren sie später auch verhört worden. Sie hatten alles abgestritten und dies mit Meineiden beschworen. Georg hatte ihnen seine Schrift vorgelesen. Sie waren begeistert. Sie hatten gesagt, das müsse unter die Leute. Aber einen Drucker wußten sie auch nicht.

In diesen Ferien hat Georg wieder einmal den *Meister Floh* von E.T.A. Hoffmann gelesen. Zufällig hat er auf der Rückseite des Titelblattes den Vermerk entdeckt: »Druck und Papier von C. L. Brede, Offenbach«. Bei der Rückreise nach Gießen ist er über

Offenbach gegangen, entschlossen, bei diesem Brede einmal anzuklopfen und vorzufühlen.
In der Stadt hat er gehört, daß Brede gar nicht mehr der Inhaber jener Firma Weiss & Brede ist. Vor geraumer Zeit hat Brede seine Buchhandlung und die Druckerei an einen gewissen Preller verkauft.
Preller? Den Namen hat er doch schon mal gehört. Es gibt einen Maler Preller in Darmstadt. Das könnte der Bruder sein. Eine Tochter des Darmstädter Verlegers Leske ist ebenfalls mit einem Preller verheiratet.
Georg besucht Carl Preller in einem seiner beiden Geschäftslokale, einem kleinen niedrigen Fachwerkhaus am Französischen Gäßchen, und erklärt ihm sogleich, er müsse ihn in einer vertraulichen Angelegenheit sprechen.
Preller schickt seinen Lehrjungen mit irgendeinem Auftrag fort.
Und was steht zu Diensten? fragt er, als sie allein sind.
Bei ihm sei doch der *Meister Floh* gedruckt worden, oder irre er sich da? fragt Georg.
Sie irren sich nicht, sagt Preller, nicht ohne Stolz. Wer sind Sie?
Das tut nichts zur Sache. Man hat Sie mir empfohlen.
Wer hat empfohlen?
Nun, vielleicht ein gewisser Friedrich Wilhelm Schulz ... vor seiner Aburteilung.
Ich kenne diesen Namen lediglich aus der Zeitung.
Aber Schulz hat mir damals versichert, daß ich hier bei Ihnen ... ausschließlich zum Zweck meiner philologischen Studien, versteht sich, ein Kapitel dieses Werkes würde einsehen können, das in den ausgelieferten Exemplaren nicht enthalten sein soll, weil darin ...
Preller mustert Georg noch einmal von Kopf bis Fuß, zuckt dann die Achseln. Er wendet sich um und geht zu einem Stapel mit Makulatur in einer Ecke, wühlt dort herum und kommt mit ein paar Bogen wieder, die er aber erst noch beschneidet.
Hier ... ist es das, was Ihnen Ihr Freund zu lesen empfahl? fragt er dann.
Georg beginnt stehend zu lesen. Er kann sich gar nicht losreißen.
Der Held des Märchens, der Kaufmannssohn Peregrinus Tyß, wird aus heiterem Himmel verhaftet und unter Anklage gestellt,

eine Frauensperson entführt zu haben. Zwar wird zu Frankfurt, dem Schauplatz der Geschichte, gar keine Frauensperson vermißt, aber der Schnüffler, der Geheimagent, der Verfassungsschützer, der Hofrat Knarripanti, versichert dem Rat der Stadt, sei erst einmal jemand als Verbrecher hinter Schloß und Riegel, dann finde sich das Verbrechen schon von selbst. Und getreu dieser Devise konstruiert er nach völlig harmlosen Satzfetzen aus Peregrinus' Tagebuch die Anklage.

Preller berührt Georg am Arm.

Besser, Sie stecken das unter Ihren Rock, sagt er. Der Junge wird gleich zurück sein.

Haben Sie noch viel von diesen Blättern? fragt Georg.

Es ist köstlich, nicht wahr? sagt Preller. Ein paar Bogen, um guten Freunden und Kennern eine Freude zu machen und ihnen mit etwas Lachen über den Winter zu helfen, seien wohl noch vorhanden.

Aber wie lange soll der Winter noch dauern? fragt Georg.

Preller zuckt die Achseln. Er sähe keine Hoffnung. Drüben in Frankreich vielleicht. Aber hier. Ha!

Sie sind ziemlich leichtsinnig, sagt Georg. Wer sagt Ihnen, daß ich nicht ein Spitzel der Zentralbehörde bin?

Für so etwas habe er ein Auge und eine Witterung. Es seien schon zu häufig welche von diesen Halunken bei ihm gewesen. Die treten recht plump auf, fährt er fort, sind auf eine ganz bestimmte Art gekleidet. Ich sage immer: sie riechen nach Demagogenverfolgung.

Und ich rieche nicht? fragt Georg.

Er lacht.

Beide lachen.

Es sei da etwas zu drucken … Eine Flugschrift.

Wieder einmal eine Flugschrift, höhnt Preller.

Bei Preller sind zahlreiche subversive Schriften gedruckt worden. Aber Preller ist deswegen doch alles andere als ein Revolutionär. Er ist Drucker aus Leidenschaft. Und als solcher ist er für die Pressefreiheit, die nicht gewährt wird.

Als Preller den Text überflogen hat, wirkt er erschrocken. Das ist zu stark, sagt er.

Also, Sie drucken es nicht, Preller? fragt Georg.
Der Lehrbub ist zurückgekommen. Sie sind hinaus auf den Hof gegangen, ohne daß die Frage beantwortet worden ist.
Wie weit denn die Freiheit gehen dürfe, höhnt Georg, jetzt unter freiem Himmel, aber dann merkt er, daß es ganz falsch ist, so mit Preller zu reden.
Es gibt da nach der Aushändigung des Druckbogens aus dem *Meister Floh* eine seltsame Art des Vertrauens zwischen Preller und ihm. Die Gemeinschaft der Kenner, der Liebhaber von Witz und Satire.
Georg spürt, daß er auf dieses Vertrauen setzen muß, wenn es mit dem Druck klappen soll. Die Einigkeit der Gebildeten, denkt er und überlegt, daß kein Bauer mit dem Text des *Meister Floh* etwas anzufangen wüßte oder auch nur die Zeit hätte, ihn zu studieren.
Aber vielleicht werden sie einmal diese Sprache verstehen. Man kann es sie lehren. Man kann ihnen verständlich machen, was der Witz dabei ist.
Und die Frage kommt ihm: warum will er das Volk glücklich sehen?
Er findet nicht Zeit, über diese Frage weiter nachzudenken, geschweige denn eine Antwort zu finden, damals. Er spürt nur wieder den Sprung in sich: für das einfache Volk zu kämpfen und nicht zum einfachen Volk zu gehören.
Ich bin weder ein Vornehmer, noch bin ich ein Reicher, widerspricht er in Gedanken seiner Unsicherheit. Aber er weiß: Er ist ein Gebildeter.
Er muß sich wieder auf Preller konzentrieren.
Ich habe den Text geschrieben, sagt er. Es ist alles wohl durchdacht. Sie können sich darauf verlassen. Man muß so vorgehen, wenn man etwas in Bewegung setzen will. So und nicht anders.
Da ist ein Tonfall, der mich einnimmt, sagt Preller. Ein Gedicht in Prosa, ein Gedicht aus Fakten … eigenartig.
Genau das, stimmt Georg ihm zu. Er ist glücklich. Jemand, dem genau klar ist, was er will, der die Besonderheit der Form erkennt und benennen kann.
Haben Sie es Weidig einmal gezeigt? fragt Preller.

Noch nicht. Zu was brauchen wir Weidig? Vertrauen Sie Ihrem Urteil, sagt Georg.
Wenn er so redet, geht eine suggestive Kraft von ihm aus, die ihn manchmal selbst erstaunt.
Sie sind der einzige, sagt er weiter zu Preller, der einzige Mensch, dem aufgefallen ist, daß es etwas von einem Gedicht hat.
Ich kann denken. Ich mache mir nichts vor. Ich bin draußen gewesen. Ich bin mit den neuesten politischen Ideen und Entwicklungen vertraut. Ich habe Dinge jenseits der Grenze gesehen, von denen hier keiner etwas ahnt. Ich muß die anderen mitreißen.
Das hat er damals im Frühjahr nicht zu Preller gesagt. Solche Sätze hat er gegen seine eigenen Zweifel aufgeboten.
Aber Preller hat gedruckt. Noch nicht gleich. Es ist noch einiges Wasser den Main hinuntergeflossen, ehe es soweit war. Aber von Preller hat er damals eine Zustimmung erfahren, die ihm geholfen hat bei all den dann folgenden Auseinandersetzungen mit Weidig. Das wird er ihm nie vergessen.
Vielleicht ist er deswegen zuerst zu Preller gegangen.
Und auch jetzt will er wieder etwas von Preller.
Er muß ihn dazu bringen, daß er den Stehsatz nicht auflöst. Er soll ihn verstecken. Es muß sich ein sicheres Versteck finden lassen.
Dies ist ein Rückschlag.
Dies ist nicht das Ende.
Wir müssen uns sogar davor hüten, jetzt gleich alles verloren zu geben. Damit ist Minnigerode auch nicht geholfen.
Dieser Text muß möglichst vielen Menschen zur Kenntnis gelangen. Erst dann wird sich mit einiger Sicherheit sagen lassen, was solche Druckschriften vermögen.
Du experimentierst mit Menschen, sagt er laut, während er zu Preller geht, du Vornehmer, du Gebildeter, du Student.
Jemand sieht ihm ins Gesicht, erstaunt, daß da einer auf der Gasse mit sich selbst redet.
Georg horcht diesem Satz nach. Und er fügt noch einen Satz hinzu: Wer gibt dir eigentlich das Recht dazu?
Da ist er wieder bei derselben Frage, mit der er schon seit einiger Zeit nicht weiterkommt.

Was macht, daß einem nur noch die Revolution, die Veränderung wichtig ist?
Was macht, daß man bereit ist, dafür nicht nur mit dem eigenen Leben, sondern auch noch mit dem anderer vabanque zu spielen?
Was?
Georg hat keine Antwort. Und keinen Erfolg.
Preller läßt sich auf nichts ein, was in der gegebenen Situation ein zusätzliches Risiko bedeuten könnte. Er färbt die Presse, auf der gedruckt worden ist, rot ein. Auf dem Weg zum Flußufer verabreden sie, was sie aussagen werden, falls sie verhört werden sollten. Sie haben sachlich darüber gesprochen. Ohne die Freundlichkeit, wie sie sonst zwischen ihnen selbstverständlich gewesen ist. Preller nimmt den Stehsatz, macht ein paar Schritte hinunter zum Main und wirft das Blei in den Fluß.
Auf dem Rückweg wirkt Preller entspannt, erleichtert. Georg muß sich zusammennehmen, um nicht mit den Zähnen zu knirschen. Es ist gegen neun Uhr morgens. Jetzt muß Georg zu Schütz. Die Sonne scheint. Für so viele Menschen ist es ein Tag wie andere Tage. Ein Samstag. Georg ist es, als gehe er unsichtbar durch die Stadt.

Die siebente Geschichte

In dem dunklen Hausflur, den Georg betritt, öffnet sich ganz hinten eine Tür.
Ein Block Licht, der auf ihn herunterbricht. Er ist benommen, kneift die Augen zusammen.
Wer ist da? fragt eine brüchige Stimme. Eine alte Frau kommt mit schlurfenden Schritten auf ihn zu. Was der junge Herr wünsche?
Der junge Herr!
Ob bei ihr der Student Schütz wohne?
Die Alte steht jetzt dicht vor ihm. Aus ihren Kleidern weht ein Geruch von Holzrauch und Ungewaschenheit. Die Alte mustert ihn, hat viel Zeit. Jemand, der gelernt hat, daß man mit Schweigen gut durch die Welt kommt.

Ihm geht alles jetzt viel zu langsam. Er merkt, wie er mit dem einen Fuß wippt. Die Alte sieht an ihm herab, zu der Fußsohle hin, die das klopfende Geräusch macht.
Sei ruhig, sagt er im Schweigen zu sich selbst. Sei kaltblütig. Das mußt du lernen.
Ihr Neffe habe hier eine Kammer, sagt die Alte, soviel sei richtig. Aber er schlafe noch. Wenn Sie uns in zwei Stunden noch einmal die Ehre geben wollten ...
Wo die Kammer sei – dort oben?
Georg schiebt sie zur Seite. Er ist schon die Treppe hinauf. Die Stufen haben sich abgezeichnet, nachdem sich seine Augen an das Halbdunkel gewöhnten.
So warten Sie doch, hört er die Alte rufen, das geht doch nicht!
Er nimmt immer zwei Stufen auf einmal und ruft Schütz' Vornamen. Oben kommt er auf einen Vorplatz. Es gibt da nur zwei Türen. Er öffnet die erste und blickt in eine Rumpelkammer. Er drückt die Klinke der anderen Tür herunter. Sie ist verriegelt. Er donnert mit der Faust gegen das Holz.
Jacob.
Ein Schlüssel dreht sich im Schloß. Wo brennt's denn?
Schütz steht vor ihm. Nackt, groß, schlaftrunken, mürrisch.
Georg sieht auf das Bett. Da liegt ein Mädchen. Sie streckt die Arme von sich, rekelt sich wohlig. Sie richtet sich auf. Auch sie ist nackt.
Lena, fällt es Georg ein. Lena, mit der sie vor drei Wochen auf der Mainkur getanzt haben. Damals waren sie mit dem Manuskript des *Landboten* unterwegs nach Offenbach. Auf Umwegen, damit ihnen niemand auf die Schliche komme. Lena, die Magd des Amtsrichters. Auch er hat sie ein paarmal herumgeschwenkt. Ich könnte mich in sie verlieben, wenn ich noch öfter mit ihr tanzen würde, hat er gedacht und sich gleichzeitig geärgert, wie sie den Burschen, mit dem sie offensichtlich gekommen war, sitzen gelassen hat, als sie, die Herren Studenten, auftauchten.
Du hier, Georg ... was willst du? fragt Schütz, während er in die Hosen fährt.
Verzeihung, murmelt Georg. Er überlegt, ob es angeht, weiter so unverwandt zu Lena hinzusehen, auf ihre runden Schultern und

den Busen, oder ob er wegschauen und ihr so Gelegenheit geben soll, ebenfalls aufzustehen und sich anzukleiden.
Es geht um die Sache, sagt er halblaut zu Schütz.
Wie denn, sagt Schütz, es ist doch nicht etwa die Republik ausgebrochen?
Es ist eilig, sagt Georg.
Also gut, meint Schütz, der inzwischen auch sein Hemd übergezogen hat, reden wir draußen.
Er berührt mit den Lippen seine Fingerspitzen und winkt Lena zu.
Auf dem Vorplatz stoßen sie fast mit der Alten zusammen. Es ist klar, daß sie gelauscht hat. Jetzt hebt sie die Schultern und sagt, zu Schütz gewandt: Er ist einfach an mir vorbei. Das ist doch keine Art, oder?
Wir wollen allein sein, Muhme, sagt Schütz, kramt in den Taschen nach einem Geldstück und drückt es ihr in die Hand.
Sie spuckt drauf. Vielen Dank auch. Ich hab nix gehört und nix gesehen.
Bedächtig steigt sie dann wieder die Stiegen hinab. Georg wartet, bis er sie durch den Flur unten zur Küche schlurfen hört.
Schütz rennt nervös auf und ab. Also, was gibt es?
Sie haben Minnigerode, sagt Georg und erzählt dann, was geschehen ist.
Das kann doch nicht wahr sein. Du machst einen Scherz, Georg, nicht wahr.
Schöne Scherze. Preller ist gewarnt, und du solltest erst einmal für ein paar Tage untertauchen.
Ich gehe auf und davon ... bis nach Amerika, sagt Schütz fast tonlos. Er steht da, läßt die Arme hängen. Georg sieht, daß seine Hände zittern.
So schlimm wird es nicht gleich werden.
Ein törichter Satz, aber er muß etwas sagen, um Schütz zu beruhigen.
Sie kriegen mich nicht noch einmal hinter Gitter, sagt Schütz. Es werden dieselben Leute sein. Und die haben gesagt, als sie uns freilassen mußten: Wartet nur, ihr Bürschchen, ihr kommt wieder, und das nächste Mal brechen wir euch alle Knochen im Leib. Georg, sie tun's!

Er hat die Hände vors Gesicht geschlagen.
Na komm, sagt Georg, wir müssen was unternehmen.
Wie konnte es nur dahin kommen? sagt Schütz.
Ich weiß es nicht. Wir wissen es alle nicht. Ein Zufall.
Das ist kein Zufall.
Ach was.
Nein, nein. Sie sind uns auf die Schliche gekommen.
Sei ruhig.
Schütz lacht höhnisch auf. Dann schlägt er sich mit der Hand an die Stirn und sagt: Da ist sie nun endlich mit mir ins Bett gegangen, und dann das! Sie hängt an meinem Hals, Georg. Ich kann sie jetzt nicht fortschicken. Selbst wenn ich ihr alles erzählte – sie würde es mir nicht glauben.
So nimm sie mit.
Ach, sie hindert mich.
Georg erschrickt: Wie ein Mensch sich verändern kann, wozu er bereit ist, nur, um sich zu retten.
Es wird dir schon etwas einfallen, um sie loszuwerden. Sag ihr, dein Erbonkel sei gestorben. Was weiß ich.
Georg sieht, wie dieses Zittern der Finger bei Schütz immer schlimmer wird.
Ich habe Angst, Georg.
Ja doch, aber vielleicht ist wirklich alles halb so schlimm, wie es jetzt aussieht. Du gehst zur Vorsicht aus der Stadt, versteckst dich bei einem von unseren Leuten …
Wenn sie Minnigerode haben, wissen sie alles. Jeder von uns kann der Nächste sein. Was sie nicht ohnehin schon wissen, werden sie aus ihm herauspressen. Auf Minnigerode ist Verlaß.
Er ist weich. Weißt du, wie sie mit ihm umgehen?
Ich kann es mir vorstellen.
Das bezweifle ich. Du hast das nie erlebt. Was willst du jetzt tun?
Ich gehe nach Frankfurt, besuche dort Bekannte meiner Eltern. Ich treffe mich mit einem Freund, der auf der Durchreise ist. Das verschafft mir ein einwandfreies Alibi. Ich bin, ohne Urlaub einzuholen, von Gießen fort. Wir dürfen jetzt auf keinen Fall durchdrehen. Und Amerika, er versucht ein Lächeln, dazu ist immer noch Zeit.

Ich habe versprochen, daß ich sie heirate, sagt Schütz, ich habe ihr mein Wort gegeben. Plötzlich fügt er hinzu: Es ist ein Spitzel unter uns.
Du siehst Gespenster.
Schütz beginnt wieder auf und ab zu laufen. Der Estrich knarrt. Auf ein Dorf. Dort abwarten, und wenn nicht anders: über die Grenze nach Frankreich. Nicht wahr, so ist es vernünftig?
Es kann alles ein Zufall sein, beharrt Georg. Er will einfach nicht an einen Spitzel glauben. Wer sollte sich für so etwas hergeben? Gesichter steigen vor ihm auf. Er wischt das in sich aus. Er will sich nicht darauf einlassen, nicht spekulieren.
Es ist da noch etwas, sagt er zu Schütz.
Und das wäre?
Wie heißt der Mann in Vilbel? Der Gefängniswärter, du weißt schon.
Meinst du den Elbert? Was willst du denn von dem?
Mit ihm reden. Wir müssen versuchen, Minnigerode herauszuholen.
Ausgeschlossen. Bei Elbert wirst du vergebens anklopfen. Er wird nicht wegen unsereinem seine Stellung aufs Spiel setzen. Er hat auch eine Braut.
Wir haben ein bißchen Geld. Das könnte helfen. Jedenfalls muß ich es versuchen.
Schütz nennt unwillig den Namen des Ortes bei Vilbel, in dem Elbert wohnt, fügt aber hinzu: Den Weg kannst du dir sparen.
Versuchen, versuchen, versuchen, sagt Georg laut.
Jetzt redet er zu sich selbst.
Preller hat übrigens den Bleisatz vernichtet. Ich konnte ihn nicht davon abbringen.
Ist doch egal.
Ist die Darmstädter Sektion beliefert worden?
Ja.
So muß man sie warnen.
Ich weiß jemand, der es machen wird, sagt Schütz.
Ich habe noch nicht aufgegeben, sagt Georg.
Es war alles falsch, sagt Schütz, jetzt wieder ganz deprimiert, es wird uns alle umbringen am Ende. Ich habe so eine Ahnung.

Ich gebe nicht auf, wiederholt Georg.
Das Mädchen kommt auf den Vorplatz. Sie ist angekleidet, gekämmt. Schlechte Nachrichten? fragt sie.
Schütz nickt und hört nicht auf, hin und her zu rennen.
Mut, nur Mut, sagt Georg und merkt wieder, daß der Satz falsch klingt.
Du bist doch der Büchner, sagt Lena freundlich.
Hör mal, sagt Georg, besser, du vergißt meinen Namen. Du hast mich nie gesehen, nie etwas von mir gehört.
Warum denn? Es war lustig auf diesem Fest.
Ich würde auch gern wieder einmal mit dir tanzen, sagt Georg. Er hebt die Hand. Wir werden tanzen, sagt er, aber bis dahin kennst du mich nicht.
Es könnte sein, daß sich die Polizei für uns interessiert, verstehst du, sagt Schütz.
Eine Rauferei? fragt sie. Diebstahl?
Georg muß lachen. Nein, nein, sagt er, Vorstellungen, Ansichten. Ich muß fort. Adieu, Lena, adieu, Jacob. Macht's gut.
Du auch, sagt Schütz, und Georg merkt, daß ihn die Furcht wieder am Kragen hat.
Was hat er denn gewollt? hört Georg hinter seinem Rücken fragen, als er schon auf der Stiege ist. Etwas Schlimmes? Sag's mir doch, bitte. Von mir hört's keiner. Und dann mit einem Lachen: Was für ein Recht hat er, uns beim Aufwachen zu stören!
Was ist es, was mir an ihr gefällt? fragt sich Georg schon auf der Straße. Hübsch kann man sie nicht nennen. Etwas grob. Aber sie hat Selbstbewußtsein. Er versucht, sich Minna nackt und so unbekümmert wie dieses Mädchen vorzustellen. Unmöglich. Unvorstellbar auch, daß sie sich einem Mann hingeben würde vor der Hochzeit. Hingeben: was für ein Wort. Wieder so ein Wort der Vornehmen.
Und doch liebt Minna ihn. Er ist sicher, daß sie ihn liebt, und sieht doch immer noch Lena nackt im Bett liegen. Und dieses Bild läßt ihn wenigstens für ein paar Augenblicke seine Furcht vergessen.

In Frankfurt dann bei den Beckers vorsprechen. Er braucht ein Nachtlager.
Boeckel wird erst morgen im »Gasthof zum Schwanen« eintreffen.
Amalie Becker, die er Tante nennt, sitzt matronenhaft, rund, sorgfältig gekleidet in einem Sessel. Apfelbäckchen. Den Stickrahmen auf den Knien.
Der Georg! So eine Freude. Welch eine Überraschung!
Er küßt sie auf beide Wangen. Das verwirrt sie. Eine Angewohnheit, die er im Elsaß angenommen hat. Jetzt ist er verlegen und spürt, daß er sich wohlfühlt in dieser bürgerlichen Wohnung, in der alles seinen Platz hat und seine Ordnung. Eine Weile meint er wahrhaftig, alles zuvor sei nur ein böser Traum gewesen.
Er erklärt, daß er einen Studienfreund aus Straßburg treffen wolle, erwähnt mit Absicht den Namen, morgen, deswegen sei er von Gießen herübergewandert.
Und da dachte ich, ich solle der Frau Tante und dem Herrn Onkel meine Aufwartung machen.
Du bleibst über Nacht. Ich will Ilse gleich sagen, daß sie ein Essen richtet auf den Abend. Du wirst hungrig sein.
Er bedauert, vielleicht ungelegen zu kommen. Er weiß, welche Floskeln bei einem solchen Besuch ohne Voranmeldung Gewohnheit sind, bittet, nur keine Umstände zu machen.
Ach was, sagt Amalie, die Frau, die er Tante nennt. Dann erklärt sie, daß man den Onkel nicht stören dürfe. Er sitze über seiner Predigt. Jetzt sei es gegen vier, aber länger als sechs werde er wohl nicht brauchen, um den Jesajas auszulegen.
Nachdem die Tante jener Ilse aufgetragen hat, was für Vorbereitungen für das Essen zu treffen seien, welcher Wein aus dem Keller heraufgeholt werden solle und daß im Gästezimmer das Bett frisch bezogen werden müsse, führt sie Georg in den Garten und zeigt ihm ihre Rosen. Wie es den Eltern und den Geschwistern gehe, will sie wissen, während er auf Blüten und dornige Stengel starrt und Blütenblätter rühmt. Dazu muß er sich nicht einmal zwingen. Was da duftet und glüht, knospt und rankt, gefällt ihm.

An die dreiundsechzig Arten führt sie ihm vor, und er ist ihr noch immer die Antwort schuldig über das Wohlergehen der Familie. Doch glücklicherweise vergißt sie ihre Frage über dem Enthusiasmus, mit dem sie ihm ihre geliebten Rosen vorstellt.
So vergeht die Zeit. Er spürt, daß sein Besuch ihr tatsächlich nicht unlieb ist. Ihre Kinder sind aus dem Haus. Er bedeutet eine Unterbrechung in der Reihe von Tagen, die alle wohlgeregelt, aber recht gleichförmig verlaufen.
Sie strahlt Herzlichkeit aus. Georg denkt an seine Mutter, denkt an Straßburg, wo ihm die Geborgenheit in einer solchen Familie auch wohlgetan hat.
Als sie wieder im Salon sind, fragt sie besorgt, ob ihn das Studium nicht zu sehr anstrenge. Medizin... Sie stellt sich das blutig und unheimlich vor. Aber ein schöner Lohn sei es denn doch, einmal ein Helfer der Menschheit zu werden.
Gewiß!
Sie spricht von ihrem Rheuma, das sie immer ärger plage, und fragt, was er ihr als Mittel dagegen rate.
Lässig empfiehlt er Bäder, Wärme.
Sie erwähnt Erinnerungen aus der Zeit, da er noch ein Kind gewesen ist, da sie und ihr Mann die Familie in Darmstadt besucht haben. Er hat sich unter dem Tisch versteckt, hat ihre Beine gestreichelt und soll dabei kennerisch gerufen haben: Zartes Fleisch. Natürlich habe sich ein jeder über dieses unmögliche Kind aufgeregt. Es sei ihr aber nicht unangenehm gewesen. Ein Kind, das sei doch harmlos.
Die Geschichte kennt er noch nicht.
Und seine Braut? fragt sie.
Er beginnt unbekümmert von Straßburg zu erzählen, beschreibt Minna, erzählt, wie sie sich kennengelernt haben, erwähnt ihre Artigkeit, auch, daß seine Eltern nichts von der Verlobung wüßten, es vorerst auch nicht erfahren sollten. Er hält sich lange dabei auf, wie er Minna in Straßburg vorgelesen hat, nur um diese Augenblicke wieder lebendig werden zu lassen.
Und wann ist Hochzeit? fragt die Tante mit schöner Direktheit.
Ich denke, wir werden da noch ein wenig warten müssen.
Brautzeit sei eine schöne Zeit, eine gesegnete Zeit, schwelgt die

Tante in Erinnerungen und sagt, sie habe seinerzeit auch lange warten müssen.
Ilse kommt herein und fragt, ob sie dem Braten ein Lorbeerblatt beigeben solle. Er ist allein für eine Weile, weil die Tante nach dem Essen sehen muß.
Dann kommt der Herr Pastor. Backenbart und blitzender Zwicker. Zu rote Wangen und kurze, eisgraue, stichlige Haare.
Georg, ruft auch er enthusiastisch, wie mich das freut!
Ob der Jesaja ausgelegt sei?
Wenn sie nur wirklich hinhörten auf das, was man ihnen predigt, sagt der Herr Pastor, aber zum einen Ohr hinein und zum anderen Ohr hinaus.
Im Moment ist Georg versucht, ihn zu fragen, wie er es fertig bringe, Sonntag um Sonntag zu predigen und ob er wirklich an das alles glaube, aber Becker ist schon dabei, ihm einen Cognac zu kredenzen.
Prost auf die Lebendigen und die Toten, sagt Becker und schlürft voller Behagen die braune Flüssigkeit. Wenigstens einen guten Tropfen schickten die Franzosen herüber, was sonst immer man gegen sie sagen könnte.
Und was sagt man gegen sie? fragt Georg.
Becker stellt sein Glas etwas weiter von sich. Er hat wohl gehört, was diese Frage will, während Georg seine Schroffheit auch schon wieder bedauert.
Nun, das kannst du dir denken, mein Junge. Ihre Ideen und die Unruhe, die sie hervorrufen, sind so manchem nicht recht. Ich denke, du hast in Straßburg eine schöne Zeit gehabt, versucht er abzubiegen. Das wunderbare Münster, die Vogesen, die Freiheit! Reden wir nicht von Politik. Manchmal, so sagt der Herr Pastor, sei er denn doch froh, daß sein Geschäft nicht von dieser Welt sei. Immer noch besser, Hoffnungen zu machen auf eine bessere Welt im Jenseits, als das arge Handwerk betreiben zu müssen, für hier und jetzt eine bessere Welt zu schustern.
Wirklich? fragt Georg.
Der Pastor nimmt noch einen Schluck, rückt darauf das Glas noch weiter von sich und fragt: Mischst du dich etwa in Politik? Gießen ist ein gefährliches Nest in dieser Beziehung.

Ein wenig, sagt Georg und lächelt.
Er solle froh sein, daß er Arzt werde, erwidert der Pfarrer, damit könne er Menschen helfen, direkt. Oder ob er anders empfinde?
Wenn ich ehrlich sein soll… Ich wollte dich fragen, wie es bei eurer Revolte hier zugegangen ist, beim Wachensturm, und wie du die Vorkommnisse beurteilst?
Da genügt ein Wort, erwidert Becker, Wirrköpfe! Aber dann sagt er doch mehr als ein Wort dazu und nennt den Frankfurter Wachensturm dilettantisch, unverantwortlich, lächerlich.
Einverstanden, sagt Georg, aber wenigstens haben sie es doch versucht.
Ah, versuchen sei nicht genug. Es müsse klappen, wenn man so etwas angehe. Stell dir einmal vor, sie wären in die Verlegenheit gekommen, *nicht* nach zwei, drei Stunden aufgeben zu müssen. Was dann?
Vielleicht hätten wir dann eine deutsche Republik!
Georg, du träumst. Das glaubst du doch nicht im Ernst. Dazu sei das Volk nicht reif. Es wolle und müsse regiert werden mit starker Hand. Nichts beweise das besser als der Ausgang dieser fatalen Affäre.
Deine Meinung, deine ganz persönliche Meinung? fragt Georg.
Dem Kaiser, was des Kaisers ist, sagt Becker. Mein guter Junge, ich bitte dich. Du bist in Frankreich gewesen. Frankreich ist nicht Deutschland. Was das Volk hier braucht, ist Ruhe und Ordnung. Daran sind die Leute gewöhnt.
Gewöhnt, ruft Georg höhnisch und spürt, daß er jetzt rote Flecken bekommt auf den Wangen. Diese Väterlichkeit. Diese Großväterlichkeit! Eine Verfassung. Wenn es nun schon nicht anders geht: bitte! Aber bei was für einem Wahlmodus. Und wenn es dem Herrn Landesvater nicht gefalle, was die Deputierten beschließen, löse er rasch die Kammer auf und schicke die Abgeordneten heim zu Ehrenjungfrauen, Misthaufen und Bierseidel. Genau damit müsse es ein Ende haben. Und ein Ende habe es nur, wenn etwas geschehe.
Was man jetzt tun könne, sagt Pastor Becker ernst, sei, jene vor den Folgen ihrer Torheiten zu schützen, die sich exponiert hätten. Und das habe er getan. Nicht weniger als drei dieser Revoluzzer

habe er unter seinem Dach gehabt, und er danke dem Himmel dafür, daß es ihm gelungen sei, sie über die Grenze zu bringen, als ihre Steckbriefe schon überall prangten. Nun seien sie in der Schweiz. Zu Zürich.
Schweigen.
Kleine Schlucke Cognac und Stille.
Endlich stellt Becker sein Glas weiter fort, als sei es eine arge Versuchung.
Georg, sagt er dann, ich will nicht in dich dringen, aber ich mag dich. Dein Vater ist mein Freund. Laß dich nicht mit den Radikalen ein. Mach deine Eltern und dich selbst nicht unglücklich für's ganze Leben. Das sind doch wahnwitzige Idealisten, das ist wie eine Seuche, die um sich greift. Ein Hang zur Selbstüberschätzung und Selbstvernichtung.
Und die armen Leute? Die Not des Volkes? fragt Georg. Selig sind, die da hungern und dürsten nach der Gerechtigkeit, denn sie sollen satt werden. Selig sind, die um der Gerechtigkeit willen verfolgt werden, denn das Himmelreich ist ihrer. Es muß Ärgernis kommen, aber weh dem, durch welchen Ärgernis kommt.
Georg hat das Pathos dieser Sätze genossen.
Diese, die irdische Welt, sagt der Pastor, sei nie vollkommen gewesen, werde es nie werden … und zu was die Bibel nicht heutzutage alles herhalten müsse.
Die Not der Bauern, sagt Georg, ungerechte Steuern zu Hauf. Er erwähnt jenen Fall eines Mannes, der an einem bestimmten Tag der Herrschaft nicht die Spanndienste leistete, weil er daheim eine kranke Frau hatte, und der Herr ließ ihn auspeitschen. Es fällt ihm ein, daß er diesen Fall auch nur aus zweiter Hand kennt. Zeuner hat ihn bei Weidig erzählt. Einen Augenblick irritiert ihn diese Erkenntnis, aber dann sagt er weiter: Wenn aber die Obrigkeit gegen die Gesetze handelt und Unrecht gegen dich und den Nächsten tut, was sollst du dann tun?
Ha! Das Fragen- und Antwortbüchlein von Freund Schulz. Das habe gerade noch gefehlt. Er kenne die Schrift. Ein Wirrkopf mehr.
Dann sag frei und ohne Furcht die Wahrheit, unterbricht ihn Georg. Wenn dich aber die Obrigkeit nicht hört, dann zeige es den

Volksvertretern an, die im Namen des Volkes richten und Recht sprechen und die Ungerechten bestrafen.
Du kannst es sogar auswendig, staunt Becker. Ja, der Schulz habe nun Zeit, solche Sätze im Gefängnis zu Babenhausen zu bedenken. Willst du, daß es dir auch so geht? Überblickst du, wo das hinführt? Das frag ich dich! Und dann die Dolche. Denk an die Tat Sands. Denk an Ibell. Soll der Meuchelmord Gewohnheit werden? Nein, bitte, nicht diese Töne. Er sei Hirte seiner Herde. Nicht mitzuhassen, mitzulieben sei er da.
Eine Weile schweigt Georg.
Das billige er auch nicht, fängt er dann vorsichtig an und hat sich, solange das Schweigen dauerte, vorgestellt, wie es sein mag, jemanden zu erdolchen oder selbst das Opfer eines solchen Stichs zu werden. An den Schmolling hat er wieder denken müssen, der seine Geliebte in Berlin hinmachte, an den armen Woyzek auch. Wie ihn diese Mordgeschichten angesprungen sind, als er sie las. So als hätte er selbst die Tat verübt. Es fällt ihm auch ein, daß er hat weiter nachforschen wollen: was macht, daß so einer mordet? Was schafft diese Lust, daß auch ich morden könnte?
Vielleicht sei die Zeit noch nicht reif, hört er sich weiter sagen, aber irgendwann müsse es sich vorbereiten.
Sollen die Bauern regieren? fährt ihm der Pastor dazwischen. Sie wüßten ja nicht einmal, wie man recht düngt. Nein, er bleibe dabei, und das sei wohl bedacht und durch Erfahrung bestärkt: Vieles sei faul in diesem Staat, aber ehe man ihm nicht genau anzugeben wüßte, wie es zugehen solle nach einer Revolution, ehe jene, die da bereit wären totzuschlagen und zu morden für jene höhere Gerechtigkeit, ihm nicht Garantien zu geben vermöchten, daß es dann tatsächlich gerechter und besser zugehe in der Welt und eben nicht nur grausamer, predige er weiter Vorsicht und Demut.
Ich predige Rebellion, hört Georg sich sagen.
Wirklich.
Ich möchte Rebellion predigen, sagt er, weiß, daß es falsch ist, und freut sich zugleich, einmal nicht aufgespalten zu sein in einen, der laut lügen muß und nur in Gedanken seine wahrhaftige Überzeugung festhält. Manchmal meine ich, fährt er fort, jene, die alles

aufs Spiel setzten beim Wachensturm, seien mehr zu achten als wir, die wir ständig zaudern, bedenken, moralisch abwägen, so daß sich nichts ändert.
Mein lieber Georg, holt der Pastor aus, lern deine Anatomie, lern, wie man die Schmerzen von Kranken und Sterbenden lindert, aber halt dich fern von jenen Philistern, zu deren Philistertum es auch noch gehört, einmal in ihrem Leben auf einer Barrikade gestanden haben zu müssen. Hast du je ein Gefängnis von innen gesehen?
Er habe einen Freund, den man vorgestern ins Gefängnis geworfen habe.
Wer das sei?
Der Sohn des Richters Minnigerode.
Verleugne ihn, ruft Becker, streite ab, daß er dein Freund gewesen ist. Auch Petrus hat unseren Herrn verleugnet.
Das rätst du mir?
Mit gutem Gewissen. Des Petrus' Verrat sei beschrieben in Hinblick auf das unvollkommene Wesen des Menschen, voller Verständnis für einen, der so etwas tut.
Ich müßte fortgehen, denkt Georg. Ich müßte sagen, daß ich unter dem Dach eines Mannes, der mir einen solchen Rat gibt, nicht schlafen kann. Aber statt dessen sagt er: Um ehrlich zu sein, ich wollte in dieser Sache deinen Rat. Nicht zuletzt deswegen bin ich vorbeigekommen.
Was willst du, sagt der Pastor, dein Freund ist verloren auf jeden Fall. Hast du ein Bedürfnis, am eigenen Leib zu erfahren, wie sie in einem hessischen Gefängnis foltern? Ich bin Leuten begegnet, die durch die Folter gegangen waren, ich weiß, wovon ich rede. Nein, nein und abermals nein. Mit Tollkühnheit ist da nichts gewonnen. Mit Tollkühnheit wird nichts verändert. Bete für ihn. Das ist alles, was du für ihn tun kannst.
Und wenn einer nicht beten könne?
Becker leert jetzt sein Glas vollends. Ist dir der Glaube abhanden gekommen? fragt er erschrocken.
Hab ich ihn je gehabt? sagt Georg.
Du mußt alles abstreiten, fährt Becker fort, leugne, verleugne. Ja, es ist gerechtfertigt, angesichts der Gefährlichkeit, deren Ausmaß du gar nicht abschätzen kannst. Denk daran: Wenn du überlebst,

wirst du manches Leid, manchen Schmerz lindern können. Es ist ein schöner Beruf, dem du entgegengehst. Ein hessisches Gefängnis, das übersteht einer, der so sensibel ist wie du, nie und nimmer.
Aber nur jene, die empfindlich sind, spüren das Unrecht. Nur sie spüren die Verpflichtung, es zu ändern.
Und ich sage dir, es ist Hochmut zu meinen, man könne beurteilen, wie die Welt eingerichtet sein soll. Hochmut zählt mit zu den Todsünden, Georg!
Da kommt das Mädchen, knickst und sagt, es sei angerichtet. Der Kalbsbraten mit dem Lorbeerblatt.

Wenn Georg an Minna denkt, wird er an Straßburg erinnert. Und wenn er sich an Straßburg erinnert, denkt er an Minna.
In den ersten Tagen hat Georg bei der Familie Reuß gewohnt, bei Verwandten seiner Mutter. Diese vermitteln ihn als Kost- und Logisgänger an einen Bekannten, den protestantischen Pfarrer Johann Jakob Jaeglé. Rue St. Guillaume Nr. 66, links, eine Treppe hoch, ein etwas überzwerches* Zimmer mit grüner Tapete: so beschreibt Georg seine Studentenbude.
Jaeglé ist elsässischer Heimatforscher, deutscher Poet und französischer Liberaler, der den Sturz der Bourbonen 1830 in einem Gedicht als Gottesgericht gefeiert hat. Jaeglé hat dem elsässischen Philanthropen, Theologen und Pädagogen Johann Friedrich Oberlin, dem protestantischen Pfarrer von Waldersbach in den Vogesen, nahegestanden. Dieser, ein Anhänger der Ideen der Französischen Revolution, hat versucht, den Lebensstandard und den Bildungsstand der armen Bevölkerung des Steintals zu heben. Er hat vorübergehend den unglücklichen, psychisch kranken Dichter Jakob Michael Reinhold Lenz bei sich aufgenommen. Jaeglé wiederum hat die Totenrede auf Oberlin gehalten.
Ein anderer gemeinsamer Bekannter Jaeglés und der Familie Reuß ist der republikanisch gesinnte Advokat Daniel Ehrenfried Stoeber, der 1831 in Straßburg eine Biographie Oberlins heraus-

* überzwerch: überkreuz, quer (mittelalterlich). Hier wohl im Sinn von verwinkelt.

bringt. Die Söhne des Juristen, der auch epigonale Gedichte im Stil der deutschen Romantik schreibt und in der oppositionellen Presse politische Kommentare veröffentlicht, sind Kommilitonen Georgs.

Pfarrer Jakob Jaeglé ist verwitwet. Seine Tochter Wilhelmina (Minna) führt ihm den Haushalt. Minna ist drei Jahre älter als Georg.

Bei der Wahl von Straßburg als Studienort hat es auch eine Rolle gespielt, daß Georgs Interessen frühzeitig auf philosophische Fragen in einem »inneren Zusammenhang mit Angelegenheiten der Naturwissenschaft« gerichtet sind. In Straßburg lehrt Louis Duvernoy, ein Vertreter der empirisch-beschreibenden und vergleichenden Schule, Anatomie und Zoologie. Physiologie liest Ernest Alexandre Lauth. Er vertritt die idealistisch-spekulative Schule, legt jedoch ebenfalls auf eine solide empirische Basis der Forschung Wert.

Zu dem studentischen Freundes- und Bekanntenkreis Georgs gehören außer den beiden Theologie-Studenten August und Adolph Stoeber der Theologiestudent Jean-Baptiste Alexis Muston, der 1834 in Straßburg über »Les Moeurs des Vaudois« promovieren wird, der Theologiestudent Johann Wilhelm Baum, der wie Georg aus Rheinhessen stammt, aber schon mit dreizehn Jahren nach Straßburg gekommen ist, und der ehrgeizig-strebsame Medizinstudent Eugen Boeckel.

Dieser ganze Kreis von Verwandten, Bekannten, Vätern und Söhnen ist literarisch interessiert. Sie sind Protestanten, Liberale, lehnen eine Annektion des Elsaß durch Deutschland ganz entschieden ab, weil sie sich der gesellschaftlichen Errungenschaften, die die Große Revolution in Frankreich gebracht hat, wohlbewußt sind. Sie stehen in Opposition zum Bürgerkönigstum Louis Philipps. Sie sind Gegner der »Heiligen Allianz«, des reaktionären Bündnisses der europäischen Fürsten, aber bei alldem sind und bleiben sie, Väter wie Söhne, doch gute Bürger.

Als Georg zum ersten Mal in Straßburg ist, ist er auch zum ersten Mal fort von daheim, zum ersten Mal in einem anderen Land. Dort hat er nicht nur seine Vorlesungen gehört, hat nicht nur mit

Heimatdichtern geschwatzt und ist nicht nur auf den Münsterturm gestiegen, um zusammen mit Minna die Fratzen an den Wasserspeiern zu betrachten.
Er hat auch Anteil genommen an den politischen Ereignissen in dieser Stadt. Für ihn, den Achtzehnjährigen, war es fast schon ein Wunder: was man hier alles erleben, worauf man sich hier alles einlassen konnte, was hier alles in der Zeitung stand.
Bei seinem ersten Aufenthalt in Straßburg wurde ihm erst richtig bewußt, wie eng, dumpf, langweilig das Leben daheim verlaufen war.
In Frankreich flammen immer wieder politische Unruhen auf. Bauern, Handwerker, Fabrikarbeiter – in diesem Land wehren sie sich gegen Zölle, zu niedrige Löhne, gegen Adel und Großbürgertum, die sich auf ihre Kosten bereichern.
Im November 1831 rufen die Seidenweber von Lyon, die 18 Stunden am Tag für einen Hungerlohn arbeiten, den Generalstreik aus. Sie bemächtigen sich der Stadt und können ihre Herrschaft für einige Tage aufrecht erhalten. Dann trifft Militär ein und wirft den Aufstand nieder.
Am 4. Dezember 1832 bereiten große Teile der Straßburger Bevölkerung drei ins Exil reisenden polnischen Offizieren, den Generälen Ramorino, Langermann und Schneider, einen begeisterten Empfang.
Die Revolte polnischer Aristokraten und Intellektuelle gegen das zaristische Regime in Rußland ist von der Masse der polnischen Bevölkerung nicht unterstützt worden. Die Rebellen hatten auf das Eingreifen Englands und Frankreichs gehofft. Aber weder Palmerston, der britische Premier, noch Louis Philipp sind bereit, sich für die polnische Unabhängigkeit zu engagieren. Die einzige wirksame Hilfe für die polnischen Aufständischen bringt eine Cholera-Epidemie, der unzählige russische Soldaten, der zaristische General Diebitsch und Konstantin, der Bruder des Zaren, zum Opfer fallen.
Der Kampf der Polen wird von den Liberalen Westeuropas sentimental verklärt und verherrlicht. Man ist selbst weit vom Schuß. So kann man jenen Rebellen, die ins Exil gehen, leicht Beifall klatschen. Zugleich aber äußert sich bei solchen Demon-

strationen offene oder verdeckte Kritik an den restaurativen Verhältnissen im eigenen Land.

Georg B. erlebt diese Entwicklungen sehr bewußt, und obwohl er an den Unruhen, zu denen es beim Einzug der polnischen Generäle in Straßburg kam, selbst beteiligt war, kann er, wie auch seine beschwichtigend-desillusionierte Darstellung für die Eltern in Darmstadt zeigt, mit kritischer Distanz urteilen:

Straßburg (nach dem 4. Dezember) 1831

Als sich das Gerücht verbreitete, daß Ramorino durch Straßburg reisen würde, eröffneten die Studenten sogleich eine Subskription und beschlossen, ihm mit einer schwarzen Fahne entgegenzuziehen. Endlich traf die Nachricht hier ein, daß Ramorino den Nachmittag mit den Generälen Schneider und Langermann ankommen würde. Wir versammelten uns sogleich in der Akademie; als wir durch das Tor ziehen wollten, ließ der Offizier, der von der Regierung Befehl erhalten hatte, uns mit der Fahne nicht passieren zu lassen, die Wache unter das Gewehr treten, um uns den Durchgang zu wehren. Doch wir brachen mit Gewalt durch und stellten uns drei- bis vierhundert Mann stark an der großen Rheinbrücke auf. An uns schloß sich die Nationalgarde an. Endlich erschien Ramorino, begleitet von einer Menge Reiter; ein Student hält eine Anrede, die er beantwortet, ebenso ein Nationalgardist. Die Nationalgarden umgeben den Wagen und ziehen ihn; wir stellen uns mit der Fahne an die Spitze des Zuges, dem ein großes Musikchor vormarschiert. So ziehen wir in die Stadt, begleitet von einer ungeheuren Volksmenge unter Absingen der Marseillaise und der Carmagnole; überall erschallt der Ruf: Vive la liberté! vive Ramorino! à bas les ministres! à bas le juste milieu!* Die Stadt selbst illuminiert, an den Fenstern schwenken die Damen ihre Tücher, und Ramorino wird im Triumph bis zum Gasthof gezogen, wo ihm unser Fahnenträger die Fahne mit dem Wunsch überreicht, daß diese Trauerfahne sich bald in Polens Freiheitsfahne verwandeln möge. Darauf erscheint Ramorino auf dem Balkon, dankt, man ruft Vivat! – und die Komödie ist fertig.

---

* Es lebe die Freiheit, hoch Ramorino, nieder mit den Ministern, nieder mit der bestehenden Gesellschaftsordnung!

Im Juni 1832 gerät das Bürgerkönigstum durch einen Putsch von rechts in Gefahr. Die Herzogin von Berry, eine charmante, mutige und leichtsinnige Dame, ist im April in Frankreich gelandet. Als sie in Marseille auf wenig Gegenliebe für ihre Umsturzpläne stößt, schlägt sie sich in die Vendée durch. Ihr Versuch, dort einen Aufstand gegen die Julimonarchie auszulösen, scheitert. Gejagt von den Regierungstruppen, entkommt die Duchesse bis nach Nantes, versteckt sich dort, wird verraten und ins Gefängnis geworfen, wo sie zum großen Erstaunen ihrer Anhänger und Häscher mit einer Tochter niederkommt.

Im Juni 1832 kommt es in Paris zu einem Aufstand der Republikaner. Das auslösende Ereignis ist das Begräbnis des Generals Lamarque, eines populären republikanisch gesinnten Kommandeurs. Als der Leichenzug die Place de la Bastille erreicht, werden plötzlich Sprechchöre laut. Man fordert die Ausrufung der Republik. Die aufrührerische Stimmung in der Menge wird durch Reden prominenter Republikaner weiter angestachelt, und die Parole »Lamarque ins Pantheon!« kommt auf. Einige Hitzköpfe versuchen den Leichenzug in eine Sturmkolonne umzufunktionieren, die zum Rathaus ziehen und es besetzen soll. Da greifen Dragoner die Menge an. Unordnung breitet sich aus. Barrikaden werden gebaut. Das Regime des Bürgerkönigs scheint seinem Sturz nahe, aber die Republikaner zögern zu lange. Immerhin jedoch vergehen zwei Tage, bis die Regierung wieder Herr der Lage ist. In der Folge erläßt sie eine Reihe von antirevolutionären Verordnungen, die die in der Verfassung garantierten Rechte einschränken. Politische Parteien unterliegen von nun an einer genauen Überwachung, die Zensurmaßnahmen gegen die oppositionelle Presse werden verschärft.

Die Volksgesellschaft »Amis du peuple«, die ihren Rückhalt bei der Bevölkerung der dunklen Straßen und übervölkerten Gassen der Pariser Vorstadt Saint-Antoine hat, von der es aber auch Sektionen in anderen Städten Frankreichs und in der Provinz gibt, sieht sich zunehmender Repression ausgesetzt. Im Oktober 1833 wird sie als »Société des Droit de l'homme et du citoyen« neu gegründet werden.

Der sich radikalisierende proletarische Flügel der Republikaner

organisiert sich von nun an in verschiedenen Geheimgesellschaften, die erst nach und nach völlig im Untergrund arbeiten.
Ein gewisses Fazit aus seiner Beobachtung der politischen Ereignisse in Frankreich zieht Georg B. in einem Brief an die Eltern im Juni 1833, kurz vor seiner Rückkehr nach Hessen, wo er sein Studium in Gießen fortsetzen wird.

Straßburg, im Juni 1833

Ich werde zwar immer meinen Grundsätzen gemäß handeln, habe aber in neuerer Zeit gelernt, daß nur das notwendige Bedürfnis der großen Masse Umänderungen herbeiführen kann, daß alles Bewegen und Schreien der Einzelnen vergebliches Torenwerk ist. Sie schreiben, man liest sie nicht; sie schreien, man hört sie nicht; sie handeln, man hilft ihnen nicht. (...)

Wenn Georg an Darmstadt gedacht hat, an die Eltern, an die Geschwister, an ehemalige Klassenkameraden, an Lotte, hat er auch immer an die deutschen Zustände gedacht. Er war darüber unterrichtet, was daheim politisch vor sich ging.
Briefe, in denen er Freunde und Bekannte um Einzelheiten und Hintergrundinformation zu bestimmten Ereignissen bat, sind nicht erhalten. Solche Briefe bewahrte man nicht auf. Aber er muß sie geschrieben haben, und er war stets auf dem Laufenden. Und weil er im Ausland war, eine andere Situation erlebte, lernte er, Vergleiche zu ziehen und kritisch und mit kühlem Kopf zu urteilen. Anlässe zu politischen Reflexionen gab es in Deutschland übergenug:
Zwischen dem 27. und 30. Mai 1832 findet auf dem Schloßberg zu Hambach in der damals zu Bayern gehörenden Pfalz eine Volksversammlung statt, an der zwischen zwanzig- und dreißigtausend Menschen teilnehmen. Zum Unterschied vom Wartburgfest, auf dem vor allem die akademische Jugend vertreten gewesen war, kommen nach Hambach auch viele Menschen aus dem Kleinbürgertum und dem Handwerksstand. Kaum vertreten hingegen ist die liberale Opposition aus den Parlamenten der süddeutschen Kleinstaaten. Immer deutlicher zeichnet sich inner-

Das Hambacher Fest: Zug auf das Hambacher Schloß am 27. Mai 1832

halb dieser Gruppe der Konflikt zwischen den Anhängern eines liberal-konstitutionellen und eines radikaldemokratischen Programms ab.

In der Mehrzahl sind die Reden, die auf dem Hambacher Fest gehalten werden, gefühlsbetont und unverbindlich. Die gängigen Schlagworte sind Freiheit, Einheit und Republik. Nur hier und da werden auch konkret »Gütergleichheit« und »allgemeine Volksbewaffnung« gefordert. Der österreichischen wie der preußischen Regierung ist das Hambacher Fest dennoch ein willkommener Anlaß, um über den Frankfurter Bundestag Druck auf jene Einzelstaaten auszuüben, die nach Ansicht Metternichs nicht scharf genug gegen Radikale vorgehen.

Schon einen Monat nach dem Hambacher Fest, am 28. Juni 1832, nimmt die Bundesversammlung die von Österreich und Preußen vorgeschlagenen sogenannten »Sechs Artikel« an. Sie schränken vor allem die Rede- und Berichtsfreiheit der parlamentarischen Opposition ein und sehen die Überwachung oppositioneller Abgeordneten vor.

(221)

Sammlung von Gesetzen rc.
für Kurhessen.

Jahr 1832. — Nr. XXVI. — Juli.

Verordnung
vom 21sten Juli 1832,
betreffend die vom deutschen Bunde beschlossenen weiteren Maasregeln zur Aufrechthaltung der gesetzlichen Ordnung und Ruhe in Deutschland.

Von Gottes Gnaden Wir Friedrich Wilhelm, Kurprinz und Mitregent von Hessen rc. rc.

thun kund und zu wissen:

In der vier- und zwanzigsten diesjährigen Sitzung der deutschen Bundesversammlung ist folgender Beschluß gefasst worden:

In Erwägung der gegenwärtigen Zeitverhältnisse und für die Dauer derselben, beschlieset die Bundesversammlung, in Gemäsheit der ihr obliegenden Verpflichtung, die gemeinsamen Masregeln zur Aufrechthaltung der öffentlichen Ruhe und gesetzlichen Ordnung zu berathen, nach vernommenem Gutachten einer aus ihrer Mitte gewählten Kommission, wie folgt:

1) Keine in einem nicht zum deutschen Bunde gehörigen Staate in deutscher Sprache im Druck erscheinende Zeit- oder nicht über zwanzig Bogen betragende sonstige Druckschrift politischen Inhalts darf in einem Bundesstaate, ohne vorgängige Genehmhaltung der Regierung desselben, zugelassen und ausgegeben werden; gegen die Uebertreter dieses Verbots ist eben so, wie gegen die Verbreiter verbotener Druckschriften, zu verfahren.

2) Alle Vereine, welche politische Zwecke haben, oder unter anderem Namen zu politischen Zwecken benutzt werden, sind in sämmtlichen Bundesstaaten zu verbieten und ist gegen deren Urheber und die Theilnehmer an denselben mit angemessener Strafe vorzuschreiten.

3) Außerordentliche Volksversammlungen und Volksfeste, nämlich solche, welche bisher hinsichtlich der Zeit und des Ortes weder üblich noch gestattet waren, dürfen, unter welchem Namen und zu welchem Zwecke es auch immer sey, in keinem Bundesstaate, ohne vorausgegangene Genehmigung der kompetenten Behörde, Statt finden.

Diejenigen, welche zu solchen Versammlungen oder Festen durch Verabredungen oder Ausschreiben Anlaß geben, sind einer angemessenen Strafe zu unterwerfen.

Auch bei erlaubten Volksversammlungen und Volksfesten ist es nicht zu dulden, daß öffentliche Reden politischen Inhalts gehalten werden; diejenigen, welche sich dies zu Schulden kommen lassen, sind nachdrücklich zu bestrafen, und wer irgend eine Volksversammlung dazu mißbraucht, Adressen oder Beschlüsse in Vorschlag zu bringen und durch Unterschrift oder mündliche Beistimmung genehmigen zu lassen, ist mit geschärfter Ahndung zu belegen.

[...]

Verordnung des Kurprinzen Friedrich Wilhelm, Kassel am 23. Juli 1832; veröffentlicht im kurhessischen Gesetzblatt 1832.

Eine Woche später, am 5. Juli 1832, beschließt der Bundestag »Maßregeln zur Aufrechterhaltung der öffentlichen Ruhe und gesetzlichen Ordnung«, mit denen die Rede-, Presse-, Vereins- und Versammlungsfreiheit praktisch abgeschafft werden.
Beide Gesetze haben weitreichende Konsequenzen, weil sie das Entstehen eines legalen Parteiwesens in Deutschland verhindern.

Der Frankfurter Wachensturm, 3. April 1833. Holzschnitt von Ludwig Burger

Andererseits führen diese Gesetze auch zu einer Wende in der Politik der politischen Opposition in Deutschland. Da der Handlungsspielraum der Liberalen in den Kammern beschnitten wird, gewinnt nun die außerparlamentarische Opposition immer mehr an Bedeutung. Es bilden sich Geheimorganisationen. Die Verschärfung der Zensurbestimmungen läßt die illegale Flugblattliteratur immer mehr anwachsen. Der sogenannte »Frankfurter Wachensturm« am 3. April 1833 ist dann der erste Versuch, »eine Revolution zu machen, statt sie auf sich zu kommen zu lassen.«

Es ist geplant, zunächst die Haupt- und Konstablerwache der Frankfurter Polizei zu überwältigen und die dort einsitzenden politischen Gefangenen zu befreien. Danach will man das

Bundestagsgebäude stürmen, die Bundestagsgesandten verhaften, sich der Bundeskasse bemächtigen und die Republik ausrufen. Doch die schlecht organisierte, vor allem von Studenten der Burschenschaften getragene Revolte, an der etwa fünfzig Personen teilnehmen, bricht zusammen, kaum daß sie begonnen hat. Zwar ist es den Aufständischen gelungen, die Mannschaften der beiden Frankfurter Wachen zu überwältigen; beim Herannahen des Frankfurter Militärs aber müssen die Verschwörer nach kurzem Feuergefecht die Flucht ergreifen. Die Bevölkerung von Frankfurt, auf deren aktives Eingreifen zugunsten der Aufständischen man gesetzt hat, weist die ihr angebotenen Waffen zurück und verhält sich völlig passiv.
Für Metternich ist der »Frankfurter Wachensturm« abermals ein willkommener Vorwand, um noch härtere Unterdrückungsmaßnahmen gegen gemäßigte und radikale Demokraten durchzusetzen.
Es kommt nun zur Gründung der Frankfurter Bundeszentralbehörde. Ihre Aufgabe ist es, die in den verschiedenen deutschen Kleinstaaten schon bestehenden politischen Polizeien samt der Arbeit ihrer Spitzel zu koordinieren und dafür zu sorgen, daß auch alle Mitglieder des Staatenbundes Aufrührer und Radikale ausliefern. Außerdem kommt es nun zu einer rigorosen Überwachung der Universitäten.
Georg B., der weiß, daß an der gescheiterten Aktion des Frankfurter Wachensturms mehrere seiner ehemaligen Schulkameraden beteiligt gewesen sind, schreibt am 5. April 1833 an seine Eltern:

Heute erhielt ich Euren Brief mit den Erzählungen aus Frankfurt. Meine Meinung ist die: Wenn in unserer Zeit etwas helfen soll, so ist es Gewalt. Wir wissen, was wir von unseren Fürsten zu erwarten haben. Alles, was sie bewilligen, wurde ihnen durch die Notwendigkeit abgezwungen. Und selbst das Bewilligte wurde uns hingeworfen, wie eine erbettelte Gnade und ein elendes Kinderspielzeug, um dem ewigen Maulaffen Volk seine eng geschnürte Wickelschnur vergessen zu machen. (...) Man wirft den jungen Leuten den Gebrauch der Gewalt vor. Sind wir denn aber nicht in einem ewigen Gewaltzustand? Weil wir im Kerker geboren und großgezogen sind,

merken wir nicht mehr, daß wir im Loch stecken mit angeschmiedeten Händen und Füßen und einem Knebel im Mund. Was nennt Ihr denn gesetzlichen Zustand? Ein Gesetz, das die große Masse der Staatsbürger zum fronenden Vieh macht, um die unnatürlichen Bedürfnisse einer unbedeutenden und verdorbenen Minderheit zu befriedigen? Und dies Gesetz, unterstützt durch eine rohe Militärgewalt und durch die dumme Pfiffigkeit seiner Agenten, dies Gesetz ist eine ewige, rohe Gewalt, angetan dem Recht und der gesunden Vernunft, und ich werde mit Mund und Hand dagegen kämpfen, wo ich kann.
Wenn ich an dem, was geschehen, keinen Teil genommen und an dem, was vielleicht geschieht, keinen Teil nehmen werde, so geschieht es weder aus Mißbilligung, noch aus Furcht, sondern nur weil ich im gegenwärtigen Zeitpunkt jede revolutionäre Bewegung als eine vergebliche Unternehmung betrachte und nicht die Verblendung derer teile, welche in den Deutschen ein zum Kampf für sein Recht bereites Volk sehen. Diese tolle Meinung führte die Frankfurter Vorfälle herbei, und der Irrtum büßte sich schwer. Irren ist übrigens keine Sünde, und die deutsche Indifferenz ist wirklich von der Art, daß sie alle Berechnungen zu Schanden macht. Ich bedauere die Unglücklichen von Herzen. (...)

In diesen Monaten verliebten sich Georg und Minna ineinander. Über ihr Verhältnis ist wenig bekannt, aber es steht fest, daß die beiden sich heimlich verlobt haben, ehe Georg nach Hessen zurückkehrte. Dabei können sie sich kaum Hoffnung darauf gemacht haben, bald heiraten oder miteinander leben zu können. Und es gab nicht nur diese äußeren Schwierigkeiten: Georg und Minna müssen recht verschieden gewesen sein, waren beide das, was man empfindlich nennt. Dazu kamen noch die Unterschiede in ihren politischen Einstellungen. Daß Georg über seine radikaldemokratischen, frühkommunistischen Ansichten mit Minna reden konnte, ist kaum denkbar. Ein Brief Minnas nach Georgs Tod wie auch die Tatsache, daß sie es abgelehnt hat, bestimmte Manuskripte Georgs an die Öffentlichkeit gelangen zu lassen, legen die Vermutung nahe, daß Minna ein Mädchen mit strikt bürgerlichen Ansichten gewesen ist. Was sie an Georg liebte, ist unbekannt, aber eine Ahnung von dem, was Georg an ihr fand,

Minna Jaeglé

vermittelt ein Satz aus einem späteren Brief an Minna. Am 27. Januar 1837, zu einem Zeitpunkt also, da die nun schon offiziell Verlobten wieder einmal getrennt sind, schreibt Georg:

Ich muß mich bald wieder an Deiner inneren Glückseligkeit stärken und an Deiner göttlichen Unbefangenheit und Deinem lieben Leichtsinn und all Deinen bösen Eigenschaften, böses Mädchen. Adio piccola mia!

Wer sich Minna naiv und harmlos vorstellt, wird ihrem Wesen bestimmt nicht gerecht. Dennoch müssen die Unterschiede in

ihren politischen und auch moralischen Anschauungen zu Spannungen geführt haben.
Für Georg war Erotik wichtig. Es gibt in den Theaterstücken, die er später schreiben wird, unzählige Belegstellen für diese Behauptung:

Zwei Frauen verüben aus Liebe zu ihren Männern Selbstmord: die eine im Wahnsinn, die andere in vollster Bewußtheit ... Die Männer stehen dem keineswegs nach: einer geht aus Liebeskummer ins Wasser, nachdem er zuvor die Geliebte beinahe erwürgt hat; ein weiterer unternimmt zumindest den Versuch, sich zu ersäufen – er freilich im erotischen Rausch, ja schon im Vorgefühl ekstatischer Glücks- und Liebeserfüllung. Ein dritter schließlich bringt seine Geliebte, in dumpfer Verzweiflung, zwanghaft und methodisch um, ersticht sie, straft und richtet sie förmlich auf gleichsam rituelle Weise.

Zu Georgs Vorstellung von Erotik gehörten, wie das in der Eingangsszene von *Dantons Tod* besonders deutlich wird: coeur (Herz) und carreau (Karo). Dort sagt Danton, jene Person, mit der sich Georg B. in gewissem Sinn identifiziert, zu seiner Frau Julie:

Sieh die hübsche Dame, wie artig sie die Karten dreht! Ja wahrhaftig sie versteht's, man sagt, sie halte ihrem Mann immer das coeur und anderen Leuten das carreau hin. Ihr könnt einen noch in die Lüge verliebt machen.

Was sich zunächst wie bemühte Konversation anhört, gibt einen anderen Sinn, wenn man die Rautenform des Karo-Blattes als ein sexuelles Ergänzungssymbol* zu dem des Herzens entschlüsselt. Georg B. hat es gewählt, um zu zeigen, daß die Liebe nicht teilbar ist. Seiner Meinung nach gehörte zur Erotik »reinste, keuscheste Neigung« ebenso wie unverhüllte krasse Sexualität.

---

* Diese neue Einschätzung und Erklärung von Bezügen und Anspielungen hat Reinhold Grimm in seinem Aufsatz »Coeur und Carreau – Über die Liebe bei Georg B.«, Text und Kritik, getroffen.

In einem Brief an die Eltern schreibt er einmal, um die losen Reden und anzüglichen Bemerkungen der Personen in *Dantons Tod* zu rechtfertigen, die Geschichte sei vom lieben Gott nun einmal nicht zu einer Lektüre für junge Frauenzimmer geschaffen worden.

Auch Georg war nicht frei von der Prüderie seiner Zeit, und er konnte manchmal von einer Geziertheit und von einem Beharren auf das im Umgang mit Mädchen und Frauen »Schickliche« sein, die in einem erstaunlichen Gegensatz zu seiner Offenheit stehen. Da ist z. B. jene Zurechtweisung seines Freundes Boeckel und die Aufforderung an ihn, daß Briefe, in denen medizinische Tatbestände erwähnt werden und die durch Minnas Hände gingen, »schicklichkeitshalber eine Couverte« zu erhalten hätten, um sie vor den Augen des Mädchens zu verbergen.

Unkompliziert, leicht, nur heiter kann die Beziehung zwischen Georg und Minna unmöglich gewesen sein. Selbst wenn sich die beiden über die von bürgerlicher Moral und christlichen Grundsätzen gezogenen Grenzen hinweggesetzt haben, so kann dies nur in aller Heimlichkeit und mit einem gehörigen Maß an schlechtem Gewissen geschehen sein. Hat aber Minna darauf bestanden – und zu dieser Annahme neige ich–, die konventionellen Normen auch im Umgang mit Georg zu wahren, dann muß es zu Verkrampfungen, Frustrationen und bei Georg auch zu Zorn über die bürgerlich-christliche Moral gekommen sein.

Unbestreitbar und belegt durch viele Anspielungen in seinen literarischen Texten ist Georgs Erkenntnis, daß die Tabuisierung des Sexuellen in der bürgerlichen Moral auch der Aufrechterhaltung der bestehenden Herrschaftsverhältnisse diente.

Ebenso unbestreitbar aber ist auch, daß ihn seine Sensibilität immer auch die Verletzbarkeit eines Menschen, der in diesem Punkt seine Meinung nicht teilte, wahrnehmen und berücksichtigen ließ.

Politische Kontakte erhält Georg durch Eugen Boeckel, der ihn zu den Treffen der Verbindung »Eugenia« mitnimmt, die in Straßburg nur sechs ständig in der Stadt anwesende Vollmitglieder zählt

und zu diesem Zeitpunkt auch Nichttheologen als Hospitanten aufnimmt.
Wie es auf ihren Sitzungen zugeht, ist durch Protokolle belegt. Unter dem 24. Mai 1832 heißt es:

Auch Büchner, Höpfner, Fritz Jäger und Reichard finden sich in dem Drescher* ein. Man war recht fidel; aus voller Kehle wurde gesungen, und vor lauter Freude und Liebe wurde tüchtig mit der Hand auf die Schenkel des Nachbarn gehauen... gegen 9 Uhr bleiben nur noch Ad. Stöber, Büchner, Höpfner und der Secretarius. Büchner spricht in etwas zu grellen Farben von der Verderbtheit der deutschen Regierungen und der Roheit der Studenten auf vielen Universitäten, namentlich in Gießen und auch in Heidelberg, wobei von den Anwesenden einiges erwidert wird, um zur Steuer der Wahrheit die Farben zu mildern.

Es herrscht also durchaus auch bei der »Eugenia« jene etwas grobschlächtige, laute, männerbündische Form von Geselligkeit, die Georg eigentlich abstößt. Es werden aber auch politisch-weltanschauliche Fragen diskutiert, wobei Georg jeweils Standpunkte vertritt, die den anderen ungewöhnlich radikal erscheinen. Aus dem Protokoll der »Eugenia«-Sitzung vom 28. Juni 1832:

Es wird mit außerordentlicher Lebhaftigkeit über verschiedene Gegenstände, namentlich das sittliche Bewußtsein, über Hus**, Ravaillac*** und Sand****, welche die Dialektik von Freund Büchner in eine Reihe stellt, über die Strafgesetze und über das Unnatürliche unseres gesellschaftlichen Zustandes, besonders in Beziehung auf Arm und Reich, debattiert; dabei wurde aber von den Kämpfern nicht vergessen mit einem großen, eine Maß haltenden Pokale mehrmals einen flotten, laut schallenden Rundgesang zu halten, und trotz mancher Verschiedenheit der Meinungen strömt auch heute in vollen Wogen das tiefe Gefühl der Freundschaft.

---

* Elternhaus eines der Mitglieder.

** Johann Hus, böhm. Reformator, geb. wahrscheinlich 1369, 1415 als Ketzer in Konstanz verbrannt.

*** Francois Ravaillac, geb. 1578, erstach in Paris am 10. Mai 1610 König Heinrich IV. und wurde am 27. Mai auf dem Grevèplatz von Pferden zerrissen.

**** Karl Ludwig Sand, Student in Jena, erstach 1819 in Mannheim den Theaterdichter A. v. Kotzebue und wurde im Mai 1820 hingerichtet.

Am 5. Juli 1832:

... der so feurige und so streng republikanisch gesinnte deutsche Patriot (Büchner), schleudert einmal wieder alle möglichen Blitze und Donnerkeile gegen alles, was sich Fürst und König nennt; und selbst die konstitutionelle Verfassung unsres Vaterlandes bleibt von ihm nicht unangetastet; weil sie seiner Meinung nach nie das Wohl und das Glück Frankreichs befördern wird, so lange noch eine aristokratische Macht, wie die Pairs-Kammer, eine dritte Mächtige Hand an das Staatsruder zu legen berechtigt ist.

Seit April 1833 muß Georg B. auch Kontakt zu »exaltierten Republikanern«, also zu Mitgliedern jener Volksgesellschaft unterhalten haben, die sich zunächst »Amis du peuple«, später »Société des Droits de l'homme« nannte, gehabt haben. Bekannt ist, daß in dieser politischen Gruppe ungewöhnlich viele Mediziner verkehrten, was vermuten läßt, wie Georg B. dort eingeführt wurde.
Georg muß ein Mensch von intensiver intellektueller Neugier gewesen sein. Es war ihm ein Bedürfnis, zu erfahren, was andere über die politischen und sozialen Probleme, die ihn beschäftigten, dachten, welche Lösungen sie vorschlugen. Vieles von den politischen Ideen der Franzosen war nicht bis über den Rhein, bis nach Deutschland gelangt. In Straßburg aber konnte man sich über die fortschrittlichsten Programme an Hand von Flugschriften und in Gesprächen informieren. Georg las, informierte sich von allen Seiten her, sprach nicht nur mit denen oben, sondern auch mit denen unten, und er engagierte sich in den sogenannten »Volksgesellschaften«.
Die Anfänge dieser Volksgesellschaften reichen bis in die Tage der Französischen Revolution zurück, zu einem der Vorkämpfer für die Rechte des Vierten Standes, zu Babeuf, der als Feldmesser und Sachverständiger für Feudalrechte schon 1786 für brüderliche Gütergemeinschaft und Kollektivfarmen eingetreten war. Eine Urkundenfälschung, die er sich als Beamter zuschulden kommen ließ – wahrscheinlich, um ärmeren Bewerbern gegen einen reichen Ersteigerer einer Liegenschaft zu helfen –, brachte

Babeuf für einige Zeit ins Gefängnis. Nach dem Sturz Robespierres kam er im Juli 1794 frei und gründete eine Zeitung, in der er den immer weiter um sich greifenden reaktionären Tendenzen im politischen Leben Frankreichs entgegentrat. In seinem *Manifest der Plebejer*, das am 30. November 1795 erscheint, ist von Krieg zwischen Patriziern und Plebejern, zwischen Reichen und Armen, die Rede. Dieser Kriegszustand bestehe nicht erst seit 1789, er sei immerwährend und habe im Grunde schon begonnen, als die Menschheit vom Naturzustand abzuweichen begann. Da ursprünglich alle Menschen gleich begütert gewesen seien, könne ungleiches Eigentum nur durch Usurpation entstanden sein.

Zusammen mit Filippo Buonarroti (1761–1837), den er im Gefängnis kennengelernt hatte, bereitete er eine Verschwörung gegen das Direktorium vor, die allerdings über Vorbereitungen nicht hinauskam. Am 10. Mai 1796 wurden Babeuf und die wichtigsten seiner Mitverschworenen verhaftet. Den Prozeß gegen die Aufrührer verlegte die Regierung vorsichtshalber in die Provinz. Babeuf wurde zum Tode verurteilt und am 28. Mai 1797 guillotiniert. Bei Buonarroti lautete das Urteil auf Deportation. Zuerst hielt man ihn in Cherbourg fest, dann wurde ihm nach weiteren Zwischenstationen Genf als Zwangsaufenthalt angewiesen. Hier überlebte er in dürftigsten Verhältnissen die Ära Napoleons und die ersten Jahre der Restauration. 1823 wurde er aus der Schweiz ausgewiesen und ging nach Brüssel. Dort erschien 1828 sein Buch *Conspiration pour l'égalité dite de Babeuf:* Geschichtswerk und Erfahrungsbericht.

Die Julirevolution ermöglicht Buonarroti die Rückkehr nach Paris. Hier schult er seit August 1830 politische Kader, verfaßt eine neue Deklaration der Menschenrechte und einen Verfassungsentwurf. Die darin enthaltene Eigentumsdefinition geht weit über die radikalste Position hinaus, die während der Großen Revolution vertreten wurde.

Es war Robespierre, der Eigentum als das Recht eines jeden Bürgers definierte, über den Teil der Güter frei zu verfügen, die ihm durch das Gesetz garantiert sind. Damit war die Festlegung einer bestimmten Höchstgrenze an Privateigentum gemeint. Buonarroti und mit ihm die höheren Ränge der neobabouvistischen Geheimgesellschaften kommen zu einer weit radikaleren, nahe an die Lehren des Marxismus heranführenden bzw. diese vorbereitenden Vorstellung. Die Gesellschaftsform, die sie herbeiführen wollen, ist eine Republik, in der nationale Gütergemeinschaft herrscht. Die Republik wird als »mütterliche Verteilerin von gleicher Bildung, gleicher Nahrung und gleicher Arbeit« für alle beschrieben.

Auch darüber, wie dieses Endziel praktisch zu erreichen sei, gibt es bei den Neobabouvisten und den ihnen nahestehenden Geheimgesellschaften klare Vorstellungen. Nach dem Sieg der Revolution sollen auf dem Weg einer progressiven Steuer der herrschenden und besitzenden Klasse mehr und mehr Mittel entzogen und diese der »riesigen öffentlichen Domäne« zugeführt werden. Die Produktionsgenossenschaften, die zwischen Frühjahr und Herbst 1833 nach dem Streik der Pariser Arbeiter errichtet werden, kann man als einen ersten Schritt auf das Ziel der »Nationalen Gütergemeinschaft« hin ansehen.

Nun sind die Neobabouvisten nur eine Gruppierung innerhalb der »Amis du Peuple«, denen zunächst auch bürgerliche Republikaner angehören. 1833 aber erringen sie in den Richtungskämpfen, die sich innerhalb der Volksgesellschaften abspielen, in deren Zentralkomitee eine knappe Mehrheit. Das Zentralkomitee veröffentlicht im Oktober 1833 ein neues Programm, das jedem neu eintretenden Mitglied verlesen und von diesem als bindend anerkannt werden muß. Hauptprogrammpunkte sind zunächst einmal Unterstützung und Aufklärung der »nombreuses classes de prolétaries« und Herstellung einer Gesellschaftsordnung, in der die égalité (die Gleichheit) verwirklicht ist.

Schon im Januar 1832 sind fünfzehn Mitglieder der »Société des Amis du Peuple« von der Regierung angeklagt worden. Im Verlauf dieses Prozesses spricht in seiner natürlich auf Agitation bedachten Verteidigungsrede Auguste Blanqui, dessen Ansichten in manchen Punkten sogar noch radikaler sind als die von Buonarroti, von einem »Duell zwischen Dividenden und Löhnen«. Er kennzeichnet die Gesellschaft als eine »äußerst komplizierte Maschine zur Ausbeutung der arbeitenden Armen durch die müßiggängerischen Reichen.«

In Deutschland bleiben weite Kreise der Bevölkerung von diesen Ereignissen unberührt. Besonders im gehobenen Bürgertum sind Langeweile und Melancholie die modischen Stimmungen jener Zeit.
In seinem Lustspiel *Leonce und Lena* macht Georg sich über diese modisch zur Schau gestellte Langeweile lustig und entlarvt sie als etwas anderes: als die zwangsläufige Versteinerung, die die feudalistisch-bürgerliche Gesellschaftsordnung mit sich bringt.

»Was die Leute nicht alles aus Langeweile treiben! Sie studieren aus Langeweile, sie beten aus Langeweile, sie verlieben, verheiraten und vermehren sich aus Langeweile und sterben endlich aus Langeweile, und – und das ist der Humor davon – alles mit den wichtigsten Gesichtern, ohne zu merken, warum, und meinen Gott weiß was dabei.«

Hier ist genau jene Art von Leben und Bewußtsein beschrieben, die Georg haßt. Wo jede Art von Veränderung unter Strafe gestellt ist, muß die Langeweile zur Lust erklärt werden.
Wenn gesagt worden ist, Georg sei ein Mensch mit ungewöhnlich intensiver intellektueller Neugier gewesen, so muß man im Verhältnis dazu die Langeweile in den deutschen Kleinstaaten sehen. Ein solches Leben kann für einen Menschen, der einmal zu denken angefangen hatte, kein Ziel, nichts Lohnendes mehr bieten.
Leonce, Prinz aus einem dieser Kleinstaaten, der ein anderer Mensch sein möchte, sagt: »Wenn ich nur etwas unter der Sonne wüßte, was mich noch könnte laufen machen.« Georgs intellektuelle Neugier – das ist auch die Suche nach einer Aufgabe, einem Ziel, für das es sich zu leben lohnt: Etwas, was ihn könnte laufen machen.
Seine Auseinandersetzungen mit Staat und Gesellschaft basieren keineswegs nur auf den üblichen Lehren und auch nicht nur auf den Schriften der Neuobabouvisten. Es gibt zu dieser Zeit noch eine andere Gesellschaftslehre, die in Frankreich, ja selbst bis nach Deutschland hinüber viel von sich reden macht: den Saint-Simonismus.

Ihr Begründer, Claude-Henri de Rouvroy, Graf von Saint-Simon, (1760–1825) stammt aus einem alten Adelsgeschlecht, das seine Herkunft angeblich bis auf Karl den Großen zurückverfolgen kann.

Während der Großen Revolution gewinnt der Graf durch Grundstückspekulationen ein großes Vermögen, das er aber in den hektischen Jahren der Direktorialzeit ebenso rasch auch wieder verschleudert.

Bei allen Wechselfällen seines Lebens verläßt ihn nicht der Glaube an die eigene Sendung, die Vorstellung, daß er zur Einrichtung einer neuen Wissenschaft berufen sei. Für den Grafen Saint-Simon ist der Gelehrte »der Mann, der voraussieht«. Etwas vorauszusehen – das ist für ihn Ziel und Zweck aller wissenschaftlichen Erkenntnis, die dann natürlich auch im politischen Bereich ihren Niederschlag findet. Die Neuordnung der Gesellschaft im Zeichen der Wissenschaft ist das Hauptthema einer 1813 von ihm veröffentlichten Schrift mit dem Titel *De la réorganisation de la société européenne.* Aus der empirischen Wahrnehmung wird die Notwendigkeit eines parlamentarischen Regierungssystems für alle Staaten Europas abgeleitet, denn England hat es mit dieser Regierungsform unter allen europäischen Nationen am weitesten gebracht. Von einer Friedensordnung ist die Rede, bei der internationale Gegensätze hinter übernationalen Gemeinsamkeiten zurücktreten. Es wird ausgeführt, daß ein Goldenes Zeitalter vor der Menschheit liege. Die Wissenschaft werde zur Führerin und Wegweiserin zu einer vollkommenen Gesellschaftsordnung hin werden.

Welche »Umschichtungen« dazu notwendig sind, geht aus einer Passage hervor, in der Saint-Simon den Leser abwägen läßt, was bei einer angenommenen Katastrophe denn leichter zu verschmerzen wäre – der Verlust von dreitausend der besten Landwirte, Fabrikanten, Bankiers, Händlern, Handwerkern und Angestellten, oder der von allen Angehörigen der königlichen Familie, der Würdenträger wie Marschälle, Kardinäle oder höchsten Beamten und Richter zusammen mit zehntausend der reichsten Eigentümer im Land.

Für die Durchsetzung der gesellschaftlichen Veränderung kommt

es seiner Meinung nach eben auf die »industriels«, die Gesamtheit der in einer Gesellschaft produktiv tätigen Menschen an. Sie erzeugen die Reichtümer. Hingegen werden die adlige Oberschicht und die Großgrundbesitzer als parasitär bezeichnet.
Die im Hinblick auf ein Goldenes Zeitalter wünschenswerte Veränderung soll aber, so Saint-Simon, nicht gewaltsam, sondern friedlich vor sich gehen, und zwar »durch die Vereinigung des Königstums mit der industriellen Klasse«. Harmonisierungsinstrument dabei wird eine neue Religion sein, in die Moral, Wissenschaftslehre und Industrie eingehen. Bei einem Nachfolger Saint-Simons, bei Auguste Comte, wird dann diese Zukunftsgesellschaft zu einem autoritär geführten Staat, dessen Wissenschaftler und Industrieführer auch zugleich die Herrscher und Priester sind und in der die großen Wohltäter der Gesellschaft als Heilige verehrt werden.
Was Georg B. von den Saint-Simonisten hält, läßt sich nur bedingt feststellen, obwohl eine Briefstelle existiert, in der er sein Zusammentreffen mit einem Anhänger dieser Lehre in Straßburg beschreibt. Um die Familie nicht zu beunruhigen, wird er seine eigene Gesinnung eher vertuscht als offen dargelegt haben.

Straßburg (nach dem 27.) Mai 1833

(...) Wenn Ihr neulich bei hellem Wetter bis auf das Münster hättet sehen können, so hättet Ihr mich bei einem langhaarigen, bärtigen, jungen Mann sitzend gefunden. Besagter hatte ein rotes Barett auf dem Kopf, um den Hals einen Cashmir-Shawl, um den Kadaver einen kurzen deutschen Rock, auf die Weste war der Name ›Rousseau‹ gestickt, an den Beinen enge Hosen mit Stegen, in der Hand ein modisches Stöckchen. Ihr seht, die Karikatur ist aus mehreren Jahrhunderten und Weltteilen zusammengesetzt: Asien um den Hals, Deutschland um den Leib, Frankreich an den Beinen, 1400 auf dem Kopf und 1833 in der Hand. Er ist ein Kosmopolit – nein, er ist mehr, er ist St. Simonist! Ihr denkt nun, ich hätte mit einem Narren gesprochen, und Ihr irrt. Es ist ein liebenswürdiger junger Mann, viel gereist. – Ohne sein fatales Kostüm hätte ich nie den St. Simonisten verspürt, wenn er nicht von der femme (Frau) in Deutschland gesprochen hätte. Bei den Simonisten sind Mann und Frau gleich, sie haben gleiche politische Rechte. Sie haben nun ihren père, der ist St. Simon, ihr Stifter; aber billigerweise müßten sie auch eine mère haben. Die ist aber noch zu suchen, und da haben sie sich denn auf den Weg gemacht, wie Saul nach seines Vaters Eseln, mit dem Unterschied, daß – denn im neunzehnten Jahrhundert ist die Welt gar weit fortgeschritten – daß die Esel diesmal den Saul suchen. Rousseau mit noch einem Gefährten (beide verstehen kein Wort deutsch) wollten die femme in Deutschland suchen, man beging aber die intolerante Dummheit, sie zurückzuweisen. Ich sagte ihm, er hätte nicht viel an den Weibern, die Weiber aber viel an ihm verloren; bei den Einen hätte er sich ennuyiert (gelangweilt) und über die Anderen gelacht. Er bleibt jetzt in Straßburg, steckt die Hände in die Taschen und predigt dem Volk die Arbeit, wird für seine Kapazität gut bezahlt und marche vers les femmes*, wie er sich ausdrückt. Er ist übrigens beneidenswert, führt das bequemste Leben unter der Sonne, und ich möchte aus purer Faulheit St. Simonist werden, denn man müßte mir meine Kapazität gehörig honorieren.

Georg hat – so nenne ich es einmal – in Straßburg höchst verschiedene Leben gelebt. Er ist mit liberalen Bildungsbürgern umgegangen, die stolz waren, wenn eine der literarischen Zeitschriften ihre Verse druckten. Er hat angehende Akademiker über ihre Lebenspläne reden hören, bei den Jaeglés wird eine gewisse biedermeierliche Behaglichkeit geherrscht haben. Aber er hat auch die Existenz radikal denkender und konsequent handelnder Revolutionäre kennengelernt. Zwischen diesen Gruppen und Rollen, zwischen diesen Ansichten und Programmen ist er hin- und hergegangen. Er hat gehört, gesucht, gelernt. Unter den Bürgern vieles verschweigen zu müssen, was er selbst als wahr und richtig erkannt hatte, es vor den Eltern zu tarnen, es vor Minna mit Schweigen zu übergehen, sich selbst vor den Kommilitonen zurückzuhalten, aber dann auch wieder von den Radikalen als Bürgerlicher und Vornehmer abgelehnt oder doch skeptisch betrachtet zu werden, muß für ihn etwas Empörendes gehabt haben. Verstellung, Täuschung, Lüge waren ihm zuwider.

* im übertragenen Sinn: immer noch auf der Suche nach der großen Mutter.

Und doch ging es ohne das nicht ab. Aber es blieb eine Hoffnung: Einmal mußten die Widersprüche zwischen soviel Verschiedenheit aufgehoben werden. Einmal. Wann?
Etwa zwanzig Jahre später wird ein junger Mann, der zu jener Zeit, in der Georg B. seine ersten Semester in Straßburg verbringt, noch das Gymnasium in Trier besucht, seine Utopie einer menschenwürdigen Gesellschaft zu beschreiben versuchen.
Es soll eine Gesellschaft sein, »wo Jeder nicht einen ausschließlichen Kreis der Tätigkeit hat, sondern sich in jedem beliebigen Zweige ausbilden kann«, eine Gesellschaft,

die die allgemeine Produktion regelt und mir eben dadurch möglich macht, heute dies, morgen jenes zu tun, morgens zu jagen, nachmittags zu fischen, abends Viehzucht zu treiben, nach dem Essen zu kritisieren, wie ich gerade Lust habe; ohne je Jäger, Fischer, Hirte oder Kritiker zu werden.

Der Mann, der dies in *Die deutsche Ideologie* schreibt, heißt Karl Marx. Seit er dies schrieb, sind rund einhundertdreißig Jahre vergangen. Haben sie uns diesem Zustand nähergebracht?

Im Sommer 1833, während der Semesterferien, besucht der Straßburger Freund und Kommilitone Alexis Muston, ein Theologiestudent, Georg B. für zwei Wochen in Darmstadt und hilft ihm bei den Arbeiten in der Hofbibliothek und in den Museumssammlungen des Darmstädter Schlosses. Die beiden Studenten haben von Darmstadt aus eine Wanderung durch den Odenwald unternommen. Im sogenannten Felsenmeer, einem schon von den Römern benutzten Steinbruch, hat der zeichnerisch recht begabte Muston eine Porträtskizze von seinem Freund Georg gemacht.
Unterhalten haben sie sich unterwegs über »den Saint-Simonismus, religiöse und soziale Erneuerung, eine universelle Republik, die vereinigten Staaten von Europa und andere Utopien, von denen einige vielleicht Wirklichkeit werden.«
Bei Muston hat Georg sich ohne Vorbehalt ausgesprochen, ihm gegenüber mußte er keine Vorsicht üben, keine Rücksichten nehmen. Muston hat die Ansichten Georgs in seinem Tagebuch festgehalten:

Der Mensch erschafft sich die Welt nach seinem Ebenbild. Das heißt, jeder träumt sie sich auf seine Weise und verändert sie nach seinen Vorstellungen; aber dies Unternehmen geschieht nur in der Vorstellung; damit sich etwas davon verwirklicht, muß sich etwas von diesen Vorstellungen (idées) unter den Menschen ausbreiten, damit alle – oder wenigstens die meisten – zum Wunsch nach derselben Veränderung gelangen.

Georg Büchner
eine Skizze von Alexis Muston

In einer Dachkammer. Das Fremdenzimmer der Beckers. Frische, nach Lavendel duftende Bettwäsche. Georg fühlt sich geborgen. Er sieht sich im Talar. Mit Zitaten aus der Heiligen Schrift wiegelt er seine Gemeinde auf.
Sie marschieren durch die Stadt, hinüber zur Wetterau, wollen sich dort mit einem Haufen der Bauern vereinigen. Er selbst steht in einem Salon. Er empfindet Genugtuung darüber, daß er Menschen dazu gebracht hat zu kämpfen. Wie hat er diesen Augenblick herbeigesehnt, und wie unwahrscheinlich schien es für lange Zeit, daß er jemals kommen werde. Jetzt, da er aufbrechen soll, überkommt ihn eine lähmende Traurigkeit.
Er mag nicht fort aus diesem Zimmer, nicht fort von den vertrauten Formen der Möbel, den Farben der Tischdecke und dem leichten Geruch nach Gras und Rosen, der von draußen hereinweht. Er sagt laut: Lächerlich, sein Herz an ein solches Zimmer zu hängen.
Aber dann wird ihm klar, daß er nicht nur deshalb wie festgebunden ist, weil in diesem Zimmer Behaglichkeit, Ruhe und Stille sind. Strudelndes, lehmiges Wasser beginnt gleich hinter der Tür, draußen vor dem offenen Fenster. Auf der Flut treibt eine Insel mit Wald. Georg steht im Salon auf einem schmalen Stück Teppich. Da kann keiner hinaus. Da kommt keiner zurück. Da draußen ist die Flut. Er ist ganz allein. Dann spürt er, wie Lena neben ihm liegt.
Sie sind nackt.
Die Tür der Kammer öffnet sich. Schütz und Minna treten ein. Schütz kommt bis ans Bett. Er wendet sich zu Minna um, die an der Tür zögernd stehengeblieben ist.
Da siehst du's, sagt Schütz, so geht's zu in der Welt.
Du mußt das verstehen, Minna, sagt Georg, du liebst mich doch, oder? Sag, daß du mich liebst!
Ich liebe dich, Georg.
Ihr habt es gehört, sagt er, ihr habt es alle gehört.
Es klang ziemlich leise, sagt Schütz.
Sag es noch einmal, sag es lauter, drängt Georg.

Ich liebe dich, Georg.
Sie muß eine Heilige sein, ruft Schütz aus und fängt an zu lachen. Dann sagt er zu Georg: Du und deine verdammte Macht über Menschen!
Georg erwacht. Er hat heftige Kopfschmerzen. Schon kann er sich nicht mehr an den Ablauf des Traums erinnern. Nur daß Minna darin vorgekommen ist, weiß er noch. Der Kopfschmerz ist so heftig, daß ihm ganz übel davon wird. Er kriecht aus dem Bett, geht zum Fenster. Draußen ist Dunkelheit und feucht-warme Luft.
Bei solchen Anfällen von Kopfschmerz, wie er sie auch in Straßburg gehabt hat, hat Minna ihm die Schläfen massiert. Ihr Gesicht war dann über das seine gebeugt.
Es dauert etwa eine halbe Stunde, bis sich die Schmerzen soweit mildern, daß er nicht mehr alle Kraft braucht, um nicht laut aufzuschreien. Ich muß Boeckel fragen, ob er dagegen nicht ein Mittel weiß. Ich könnte auch den Vater fragen. Ich brauche jedenfalls irgendein Mittel, wenn Minna nicht bei mir ist.
Als die Schmerzen nachgelassen haben, ist es draußen hell. Er ist jetzt ganz wach und läuft unruhig in der Kammer auf und ab. Es ist ihm, als habe er vor dem Einschlafen in einer sehr wichtigen Frage noch eine Entscheidung treffen wollen. Wie er angestrengt überlegt, wird der Schmerz wieder heftiger.
Geh ich nach Vilbel? Ja, das ist es gewesen.
Natürlich geh ich nach Vilbel. Ja doch, ich bin ein unvorsichtiger Mensch. Ich laufe einer verdammten Revolution nach, die niemand machen will, außer mir. Warum eigentlich, warum, da ich doch ein Bürger bin, der gern an einem ordentlich gedeckten Tisch ißt und den ein grobes Laken im Bett stört, warum will ich die Revolution?
Ich gehe nach Vilbel, entschließt er sich. Ich gehe nach Vilbel, aber zuvor treffe ich Boeckel.
Georg fürchtet, daß sie sich sehr fremd sein werden. Boeckel ist ja ein lieber Mensch, aber schon in Straßburg hat Georg manchmal ganz und gar nicht mehr begriffen, wie sie haben Freunde werden können. Man muß es nur bei einer Unterhaltung über Medizin belassen, überlegt sich Georg.

Ein paar Stunden später geht Georg mit der Tante in den Gottesdienst. Becker predigt über den Jesaja-Text.
Vor der Kirchentür verabschiedet sich Georg von den beiden. Becker hat seinen Talar schon ausgezogen. Und sieh dich vor, Georg, sagt er. Dann merkt er selbst, daß es etwas zu hart klingt, grinst, hebt drohend den Finger und fügt hinzu: Daß mir keine Klagen kommen, mein Junge.
Sie schütteln einander die Hand. Georg läuft zum Gasthof, in dem Boeckel abgestiegen ist. Man könnte ihn für einen dieser Bürger halten, die nach dem Gottesdienst nun zu ihrem Sonntagsbraten heimkehren, der pünktlich um zwölf auf dem Tisch stehen muß.
Diese Rechtschaffenheit.
Diese Ordnung.
Diese Langeweile.
Plötzlich fällt Georg ein, daß hinter seinem eigensinnigen Beharren darauf, die Revolution zu machen, das Bedürfnis steht, geliebt zu werden.

Die zehnte Geschichte

Autopsien an mehreren Kindern, die an Skorbut, Brustkrankheiten und hydrocephalus starben. Und dann war da noch ein interessanter Kranker, welcher als Folge eines zu reichlichen Genusses von geistigen Getränken das delirium tremens bekam, durch 20- 40 gr. tartarus stibiatus geheilt wurde, nach einigen Wochen aber doch an einer Brust- und Leberkrankheit ins Gras beißen mußte. Mein Bruder und ich bekamen die Leiche und machten sie auf. Der untere Teil der Leber war in Fäulnis übergegangen und so weich wie ein altes Hirn. Lungen und Pleura an den Thorax ganz angewachsen …
Boeckel hebt die Hände. Requiescat in pace!
Er gibt Georg einen Rechenschaftsbericht über bemerkenswerte Fälle, die er in letzter Zeit zu Gesicht bekommen hat. Dieser Stolz auf den Umgang mit dem Pathologischen, der da bei ihm mitschwingt, macht Georg gereizt. Diese Menschenverachtung, die man sich dabei so ganz beiläufig angewöhnt. Jeder nur ein Fall.

Man sieht nicht mehr den einzelnen, den es juckt, schmerzt, den die Wehen fast zerreißen, den die Angst würgt.
Doch damit kann er Boeckel nicht kommen. Boeckel ist ein guter Junge, aber solche Zweifel sind ihm fremd.
Was redete man mit einem, mit dem man sich nichts mehr zu sagen hat? Georgs Stimmung an diesem Nachmittag schwankt zwischen Melancholie und Aggressivität. Plötzlich fragt er, von wem unter all den Freunden und Bekannten in Frankfurt man eigentlich erwarten könne, daß aus ihm einmal ein guter Arzt werde.
Boeckel nennt einige Namen von Studenten, die Georg auch kennt, und läßt sich über deren Stärken und Schwächen aus.
Georg, der neben Boeckel geht, streckt die Hände seitwärts vom Leib fort und tut so, als balanciere er auf einem Seil und müsse achtgeben, um nicht abzustürzen.
Hörst du mir überhaupt noch zu? fragt Boeckel. Und zum Teufel, was treibst du da eigentlich?
Kinderspiel, sagt Georg. Er nimmt jetzt lange Schritte, um jeweils immer von einer Steinplatte auf die andere zu gelangen.
Habt ihr das nie gespielt? Man darf nicht auf die Randlinie treten. Sonst tut sich die Erde auf und verschlingt einen. Dann fügt er beiläufig hinzu: Was meinst du, Boeckel, haben wir die Chance, je zu wahren Helfern der Menschheit zu werden?
Helfern der Menschheit? Der Georg und sein Spleen.
Nein, ganz ernsthaft, sagt Georg, die Frage beschäftige ihn in letzter Zeit häufig. Sei zum Beispiel er, Boeckel, bereit, einem armen Ding, das zu ihm komme, eine Abtreibung zu machen? Und sei er bereit, einem unheilbar Kranken zum Sterben zu verhelfen?
Georg, was soll das?
Er sei noch nicht zu Ende, beharrt B., Boeckel möge ihn jetzt nicht unterbrechen. Es sei ihm wichtig zu wissen, zu welchem Verhalten der Freund in dem folgenden Fall rate: Ein Mann habe, vielleicht aus Eifersucht, seine Geliebte erstochen. Und nun verlangt die Justizbehörde von dem Herrn Medicus ein Gutachten zu der Frage, ob der Angeklagte zum Zeitpunkt des Mordes im vollen Besitz seiner Geisteskräfte gewesen sei oder nicht. Und stell dir vor: für den armen Kerl geht es um Kopf und Kragen. Mit dem,

was du da kritzelst, entscheidest du über Sein oder Nichtsein. Du mußt zugeben, sagt Georg, daß wir auf jeden dieser doch gar nicht so weit hergeholten Fälle schlecht vorbereitet sind. Wir werden alle miserable Helfer der Menschheit werden.
Was du immer mit deinen Helfern der Menschheit hast, sagt Boeckel.
Wenn ich nun im Ernst zu entscheiden hätte, ob ein Mensch ein Mörder ist. Wenn ich sagen sollte, was ihn morden macht ...
Zerbrichst du dir neuerdings über sowas den Kopf? fragt Boeckel.
Ach was, sagt Georg, das sind so Gedanken am Sonntagnachmittag, und am Montagmorgen sind sie allemal wieder vorbei.
Ehe sie sich im Gasthof verabschieden, fragt Eugen den Freund, ob er Minna etwas ausrichten solle, wenn er sie sehe.
Sag ihr, ich begehre ringsum all meiner Nächsten Weiber.
Was soll das denn heißen?
Sie sei eines Pfarrers Kind. Also werde sie es schon recht verstehen.
Georg! sagt Boeckel und verzieht das Gesicht.
Was euch so alles geniert, sagt Georg. Nun denn, so bestell ihr eben, ich sei ihr herzlich gut. Sie müsse aber bald kommen, hierher oder nach Darmstadt, denn lange hielte ich es nicht mehr aus, ohne die geringste Zärtlichkeit.

Boeckel fährt am Abend in der Kutsche nach Mainz. Georg übernachtet noch einmal in Frankfurt. Nicht bei den Beckers. Noch im Gasthof, auf Briefpapier des Hauses, hat er an die Eltern nach Darmstadt geschrieben.

Frankfurt, den 3. August 1834

Ich benutze jeden Vorwand, um mich von meinen Ketten loszumachen. Freitag abends ging ich von Gießen weg; ich wählte die Nacht der gewaltigen Hitze wegen, und so wanderte ich in der lieblichsten Kühle unter hellem Sternenhimmel, an dessen fernstem Horizonte ein beständiges Blitzen leuchtete.
Teils zu Fuß, teils fahrend mit Postillonen und sonstigem Gesindel, legte ich während der Nacht den größten Teil des Weges zurück. Ich ruhte mehrmals unterwegs. Gegen Mittag war ich in Offenbach. Den kleinen Umweg machte ich, weil es von dieser Stelle leichter ist, in

die Stadt zu kommen, ohne angehalten zu werden. Die Zeit erlaubte mir nicht, mich mit den nötigen Papieren zu versehen.

Als die behördlich bewilligten zwei Jahre in Straßburg um sind, kehrt Georg nach Gießen zurück, wo er sich bei dem Kaufmann Hofmann einmietet. Am 31. Oktober 1833 immatrikuliert er sich als Medizinstudent an der Gießener Ludoviciana.
In diesem Semester finden insgesamt dreiunddreißig Lehrveranstaltungen der »Heilkunde« statt. Georg besucht das Privatissimum bei Professor Wernekinck über vergleichende Anatomie. Bei ihm erwirbt er die Fähigkeit zum feinsten Präparieren. Außerdem nimmt er gelegentlich an den Vorlesungen des schon reichlich vertrottelt wirkenden Professor Wilbrand teil, der von den Studenten allgemein Äffken genannt wird.
Er ist sich bis zu diesem Zeitpunkt darüber klar geworden, daß es auf dem Gebiet der physiologischen und anatomischen Wissenschaft zwei sich gegenüberstehende Grundansichten gibt. Da ist zunächst der teleologische Standpunkt, der alles in Hinblick auf den Zweck der Wirkung und auf den Nutzen der Verrichtung eines Organs betrachtet.

Die teleologische Methode bewegt sich in einem ewigen Zirkel, indem sie die Wirkung der Organe als Zweck voraussetzt. Sie sagt zum Beispiel: soll das Auge seine Funktion versehen, so muß die Hornhaut feucht erhalten werden, und somit ist eine Tränendrüse nötig. Diese ist also vorhanden, damit das Auge feucht erhalten werde, und somit ist das Auftreten dieses Organs erklärt; es gibt nichts weiter zu fragen, – die entgegengesetzte Ansicht sagt dagegen: die Tränendrüse ist nicht da, damit das Auge feucht werde, sondern das Auge wird feucht, weil eine Tränendrüse da ist, oder, um ein anderes Beispiel zu geben, wir haben nicht Hände, damit wir greifen können, sondern wir greifen, weil wir Hände haben.

Ist die größtmögliche Zweckmäßigkeit das einzige Gesetz der teleologischen Methode, so wird die andere, die Georg die »philosophische« nennt, durch den Satz definiert:

Die Natur handelt nicht nach Zwecken, sie reibt sich nicht in einer unendlichen Reihe von Zwecken auf, von denen der eine den anderen bedingt, sondern ist in allen ihren Äußerungen sich unmittelbar selbst genug.

Georg B. ist weder von der einen, noch von der anderen Denkhaltung voll und ganz überzeugt. Gegen Ende seines Lebens wird er summarisch feststellen:

Die Philosophie a priori sitzt noch in einer trostlosen Wüste; sie hat einen weiten Weg zwischen sich und dem frischen grünen Leben, und es ist eine große Frage, ob sie ihn je zurücklegen wird.

Im Vergleich zu Straßburg ist Gießen ein provinzielles Kaff, schlammige Straßen, durch die Enten- und Gänseherden watscheln. Die »Winkelpolitik«, die lärmende Biergeselligkeit der Studenten, die Trennung von Minna und von den Straßburger Freunden, die Herbstöde der Landschaft: all dies schlägt Georg aufs Gemüt. Es gefällt ihm nicht mehr in der biedermeierlich-kleinstaatlichen Enge des Großherzogtums, und er selbst gefällt diesen Leuten nicht. Ein gewisser Karl Vogt, der zu dieser Zeit ebenfalls – und wohl besser angepaßt als Georg – in Gießen studiert, erinnert sich später:

Offen gestanden, dieser Georg B. war uns nicht sympathisch. Er trug einen hohen Zylinder, der ihm immer tief unten im Nacken saß, machte beständig ein Gesicht wie eine Katze, wenn's donnert, hielt sich gänzlich abseits, verkehrte nur mit einem etwas verlotterten und verlumpten Genie, August Becker, gewöhnlich nur der ›rote August‹ genannt.
Seine Zurückgezogenheit wurde für Hochmut ausgelegt, und da er offenbar mit politischen Umtrieben zu tun hatte, ein- oder zweimal auch revolutionäre Äußerungen hatte fallen lassen, so geschah es nicht selten, daß man abends, von der Kneipe kommend, vor seiner Wohnung still hielt und ihm ein ironisches Vivat brachte: ›Der Erhalter des europäischen Gleichgewichts, der Abschaffer des Sklavenhandels, Georg B., er lebe hoch!‹ – er tat, als höre er das Gejohle nicht, obgleich seine Lampe brannte und zeigte, daß er zu Hause sei …

Nachrichten über Georgs merkwürdiges Verhalten, über seine Verschlossenheit und seine grimmigen Äußerungen dringen bis zu den Eltern nach Darmstadt. In einem Brief scheint ihn der Vater zur Rede gestellt zu haben. Georg antwortet:

Ich verachte niemanden, am wenigsten wegen seines Verstandes oder seiner Bildung, weil es in niemands Gewalt liegt, kein Dummkopf oder kein Verbrecher zu werden – weil wir durch gleiche Umstände wohl alle gleich würden und weil die Umstände außer uns liegen (...) Man nennt mich einen Spötter. Es ist wahr, ich lache oft; aber ich lache nicht darüber, wie jemand ein Mensch, sondern nur darüber, daß er ein Mensch ist, wofür er ohnehin nichts kann, und lache dabei über mich selbst, der ich sein Schicksal teile. Die Leute nennen das Spott, sie vertragen es nicht, daß man sie als Narr produziert und sie duzt; sie sind Verächter, Spötter und Hochmütige, weil sie die Narrheit nur außer sich suchen. Ich habe freilich noch eine Art von Spott, es ist aber nicht der der Verachtung, sondern der des Hasses.
Der Haß ist so gut erlaubt als die Liebe, und ich hege ihn im vollsten Maße gegen die, welche verachten. Es ist derer eine große Zahl, die im Besitz einer lächerlichen Äußerlichkeit, die man Bildung, oder eines toten Krams, den man Gelehrsamkeit heißt, die große Masse ihrer Brüder ihrem verachtenden Egoismus opfern. Der Aristokratismus ist die schändlichste Verachtung des Heiligen Geistes im Menschen; gegen ihn kehre ich seine eigenen Waffen: Hochmut gegen Hochmut, Spott gegen Spott.
Ihr würdet Euch besser bei meinem Stiefelputzer nach mir umsehn; mein Hochmut und Verachtung Geistesarmer und Ungelehrter fände dort wohl ihr bestes Objekt. Ich bitte, fragt ihn einmal. Die Lächerlichkeit des Herablassens werdet Ihr mir doch wohl nicht zutrauen. Ich hoffe noch immer, daß ich leidenden, gedrückten Gestalten mehr mitleidige Blicke zugeworfen als kalten, vornehmen Herzen bittere Worte gesagt.

Es spricht Zorn aus diesem Brief, Empörung über die kalten vornehmen Herzen.

Schwarze Röcke, seidne Strümpfe
Weiße, höfliche Manschetten,

Sanfte Reden, Embrassieren –
Ach, wenn sie nur Herzen hätten.

Herzen in der Brust, und Liebe
Warme Liebe in dem Herzen –
Ach, mich tötet ihr Gesinge
Von erlognen Liebesschmerzen.

Auf die Berge will ich steigen,
wo die frommen Hütten stehen,
wo die Brust sich frei erschließet,
Und die freien Lüfte wehen.

Auf die Berge will ich steigen,
Wo die dunklen Tannen ragen,
Bäche rauschen, Vögel singen
Und die stolzen Wolken jagen.

Lebet wohl, ihr glatten Säle!
Glatte Herren, glatte Frauen!
Auf die Berge will ich steigen,
lachend auf euch niederschauen.

Die politische Situation ist bedrückend:

Gießen, den 1. November 1833

Gestern wurden wieder zwei Studenten verhaftet, der kleine Stamm und Groß.

Gießen, den 19. November 1833

Gestern war ich bei einem Bankett zu Ehren der zurückgekehrten Deputierten. An zweihundert Personen, unter ihnen Balser und Vogt. Einige loyale Toaste, bis man sich Courage getrunken und dann das Polenlied, die Marseillaise gesungen und den in Friedberg Verhafteten ein Vivat gebracht! Die Leute gehen ins Feuer, wenn's von einer brennenden Punschbowle kommt.

Für solchen Spott über die gemütvolle Verinnerlichung politischer Kritik können weder strammdeutsche Jünglinge, noch bier-

saufende Duellschläger, noch eigentumsbewußte Liberale viel übrig gehabt haben.
Bleibt noch dieser Becker. Der »rote August«.

Jenes Individuum, das damals ohne Rock, mit einem alten verwaschenen Russenhemde, einem schwarzen Samtbarette, einem roten, bis auf die Brust herabhängenden Barte und einen dicken Prügel in der Hand umherging.

August Becker wurde 1814 als Pfarrerssohn in bettelarmer Familie geboren. Besuch des Gymnasiums und Studium sind nur durch Freitische und Stipendien möglich, und natürlich kommt unter solchen Umständen nur das Studium der Theologie in Frage, für das Becker nicht die geringste Neigung hat. Kleider und Haartracht sind seine Reaktion auf das ewige Bettelnmüssen. Er selbst erzählt:

Eine der niederschlagendsten Erinnerungen aus der Zeit, zu welcher ich als Gymnasiast in Gießen lebte, ist, daß ich eineinhalb Jahre genötigt war, alle drei Monate das Didactrum (Schulgeld), welches die Gymnasiasten entrichten müssen, bei einem meiner edlen Wohltäter abzuholen, ein Akt, der mich jedesmal fast vernichtete. Man denke sich einen 16jährigen Menschen, der ... immer, wo es geht, sich auszuzeichnen, vorn gewesen war, jetzt zu der elenden Rolle eines Bettlers verurteilt. Die geringste Anspielung auf meine Verhältnisse brachte mich gleich zu bitteren Tränen ... Meine physischen Verhältnisse waren dem Zustand meines Geistes entsprechend; ich bewohnte eineinhalb Jahre ein ganz einsames Zimmer, welches sich in einem baufälligen Schuppen befand, es kostete nur 6 fl. halbjährlich Miete, nicht allein, weil es nur ein kleines Fenster hatte und in einen elenden Winkel ging, sondern auch darum, weil sich hier ein Kaufmann den Hals abgeschnitten hatte, wovon die Spuren noch sichtbar waren. – Ebenso schlecht war die Kost, mit der ich mich nähren mußte; ich hatte lange nichts als ein elendes Mittagessen von sechs bis sieben Kreuzern.

»Mochte«, schreibt Ernst Johann, »ihn die Stadt als ein besichtigungswürdiges Original betrachten. B. erkannte bald die Größe seines Charakters, die die Ursache seiner Schwäche ist: seine

Zuverlässigkeit und die Unbedingtheit seines Denkens, das dieser verkrachte Student in den langen Hungerjahren seiner Jugend geschult hatte.«
Die Vorliebe für einander ist gegenseitig. Noch in einem Verhör, die Folter vor Augen, wird Becker aussagen:

Dieser B. war mein Freund, der mich lange Zeit zum einzigen Vertrauten seiner teuersten Angelegenheiten machte, von welchen er weder seiner Familie noch einem seiner anderen Freunde etwas gesagt hat. Ein solches Vertrauen mußte ihm mein Herz gewinnen; seine liebenswürdige Persönlichkeit, seine ausgezeichneten Fähigkeiten, von welchen ich hier freilich keinen Begriff geben kann, mußten mich unbedingt für ihn einnehmen bis zur Verblendung. Die Grundlage seines Patriotismus war wirklich das reinste Mitleid und ein edler Sinn für alles Schöne und Große.

An August Stoeber nach Straßburg schickt Georg den folgenden Stoßseufzer:

Du magst entscheiden, ob die Erinnerung an zwei glückliche Jahre und die Sehnsucht nach all dem, was sie glücklich machte, oder die widrigen Verhältnisse unter denen ich hier lebe, mich in die unglückliche Stimmung setzen. Ich glaube, 's ist beides. Manchmal fühle ich wahres Heimweh nach Euren Bergen. Hier ist alles so eng und klein, Natur und Menschen, die kleinlichsten Umgebungen, denen ich auch keinen Augenblick Interesse abgewinnen kann.(...)

Diesem Brief ist ein Nachsatz angefügt:

Die politischen Verhältnisse könnten mich rasend machen. Das arme Volk schleppt geduldig den Karren, worauf die Fürsten und Liberalen ihre Affenkomödie spielen. Ich bete jeden Abend zum Hanf und zu den Laternen. (...)

Georg erkrankt. Ein Anfall von Hirnhautentzündung. Die Krankheit wird noch im Entstehen erkannt und unterdrückt. Ende November, Anfang Dezember 1833 ist er gezwungen, nach Darmstadt heimzukriechen und sich bei den Eltern gesundpflegen zu lassen.

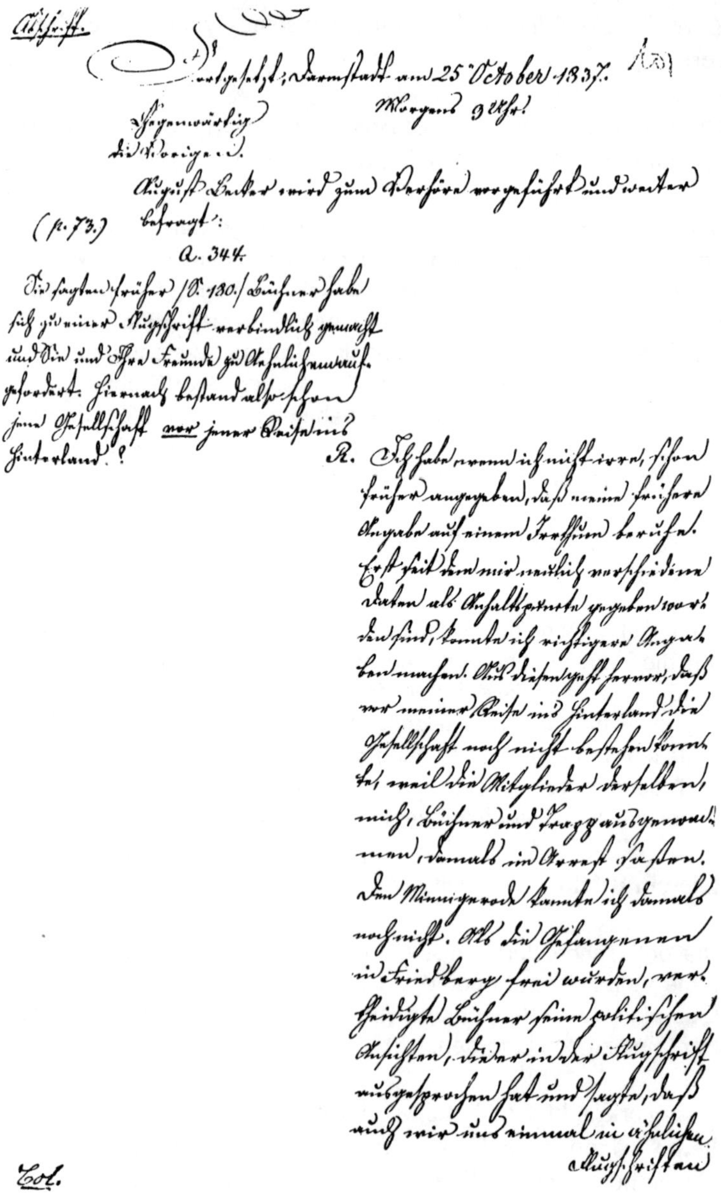
Abschrift.

Fortgesetzt; Darmstadt am 25. October 1837.
Morgens 9 Uhr.

Gegenwärtig
die Vorigen.

August Becker wird zum Verhöre vorgeführt und weiter befragt:

(p. 73.)

Q. 344.

Sie sagten früher /S. 130./ Büchner habe sich zu einer Flugschrift verbindlich gemacht und Sie und Ihre Freunde zu Aehnlichem aufgefordert. Hiernach bestand also schon jene Gesellschaft vor jener Reise ins Hinterland?

R. Ich habe, wenn ich nicht irre, schon früher angegeben, daß meine früheren Angaben auf einem Irrthum beruhten. Erst seit dem mir nämlich verschiedene Daten als Anhaltspunkte gegeben worden sind, konnte ich richtigere Angaben machen. Aus diesem geht ferner, daß vor meiner Reise ins Hinterland die Gesellschaft noch nicht bestehen konnte, weil die Mitglieder derselben, mich, Büchner und Zeh ausgenommen, damals in Arrest saßen. Den Minnigerode kannte ich damals noch nicht. Als die Gefangenen in Friedberg frei wurden, verkündigte Büchner seine politischen Ansichten, die er in der Flugschrift ausgesprochen hat und sagte, daß auch wir uns einmal in ähnlichen Flugschriften

Vol.

Aus späteren Verhörprotokollen

Abschrift.

Fortgesetzt, Darmstadt am 25" Ocober 1837.
Morgens 9 Uhr.

Gegenwärtig
die Vorigen. [Großherzoglicher Criminalrichter Noellner
Großherzoglicher Hofgerichts-Secretariats-Accessist
Müller]

August Becker wird zum Verhöre vorgeführt und weiter befragt:
(p. [= pagina, Seite] 73.)

Q[uaestio = Frage] 344.

Sie sagten früher /S. 180./ Büchner habe sich zu einer Flugschrift verbindlich gemacht und Sie und Ihre Freunde zu Aehnlichem aufgefordert. Hiernach bestand also schon jene Gesellschaft* *vor* jener Reise in's Hinterland?

R[esponsio = Antwort].

Ich habe, wenn ich nicht irre, schon früher angegeben, daß meine frühere Angabe auf einem Irrthum beruhe. Erst seit dem mir neulich verschiedene Daten als Anhaltspunkte gegeben worden sind, konnte ich richtigere Angaben machen. Aus diesen geht hervor, daß vor meiner Reise in's Hinterland die Gesellschaft noch nicht bestehen konnte, weil die Mitglieder derselben, mich, Büchner und Trapp ausgenommen, damals im Arrest saßen. Den Minnigerode kannte ich damals noch nicht. Als die Gefangenen in Friedberg frei wurden, vertheidigte Büchner seine politischen Ansichten, die er in der Flugschrift** ausgesprochen hat und sagte, daß auch wir uns einmal in ähnlichen Flugschriften [versuchen sollten].

* [Die von Büchner gegründete ›Gesellschaft der Menschenrechte‹ in Gießen]
** [Dem »Hessischen Landboten«]

In Darmstadt fühlt er sich womöglich noch mehr allein. Er beschäftigt sich intensiv mit Philosophie und schreibt, diese Kunstsprache sei abscheulich, für menschliche Dinge müßten sich doch auch menschliche Ausdrücke finden lassen.
Anfang Januar 1834 kehrt Georg B. von Darmstadt, wo man zu dieser Zeit die Vermählung Seiner Hoheit des Großherzogs Ludwig von Hessen und Ihrer Königlichen Hoheit der Prinzessin Mathilde von Bayern feiert, nach Gießen an die Universität zurück. Er bezieht ein Zimmer im Haus des Rentamtmanns Bott. Kurz darauf hat August Becker Weidig und B. miteinander bekannt gemacht.

Die elfte Geschichte

Er geht von Vilbel aus über Land, zu jenem Dorf hin, in dem Elbert wohnt. Er läuft lange durch den Wald, und nach einer Weile kommt wieder die Angst über ihn. Die Bäume und Sträucher sind ihm so fremd, und selbst die Vogelrufe tun ihm weh in den Ohren.
Es hat angefangen zu regnen. Das Blattwerk ist dicht, aber es dauert nicht lange, und sein Gesicht ist naß, der Weg wird glitschig. Es geht jetzt bergab, immer noch durch den Wald in das Tal hinab, in dem das Dorf liegt. Seine Hosen bekommen von der Nässe dunkle Flecken auf den Oberschenkeln, und seine Stiefel sind lehmbeschmiert.
Als er den Talgrund erreicht, fällt der Regen noch dichter. Aber der dunkle Wald liegt hinter ihm. Er geht durch Wiesen, die dampfen. Er läuft auf eine Steinbrücke zu. Auf dem anderen Ufer liegt das Dorf mit dem Kirchturm.
Ein Mann kommt ihm entgegen. Seinen Gruß beantwortet er nur mit einem stieren, verwunderten Blick, so daß er es nicht wagt, ihn nach dem Dorfkrug zu fragen. Die Behausungen im Dorf sind mehr Hütten denn Häuser. Auch die Hauptstraße ist schlammig, mit Pfützen so groß wie kleine Seen. Plötzlich ist ein barfüßiger Junge mit einer Herde Gänsen neben ihm, der vergnügt pfeift und

durch die Pfützen platscht. Aber auch den wagt er nicht anzusprechen.
Schließlich stößt er an einem Platz gegenüber der Kirche auf den Dorfkrug und tritt ein. Er steht in einer dunklen, verräucherten Höhle mit zwei winzigen Fenstern zur Straße hin. An der fensterlosen Wand erkennt er einen großen offenen Kamin, in dem kein Feuer brennt. Tische gibt es nicht, nur hölzerne Bänke, die kreuz und quer im Raum vor einer Theke stehen. Niemand läßt sich sehen. Ein säuerlicher Geruch kitzelt Georg im Hals. Es ist so still, daß er sich einbildet, die Bewohner des Hauses seien tot. Er räuspert sich, ruft. Niemand kommt. Er nimmt sein Ränzel ab, setzt sich auf eine der Bänke und wartet. Seine Hosenbeine kleben naß auf seinen Oberschenkeln. Das Hemd ist an den Schulterblättern durchgeschwitzt.
Er hört schlurfende Schritte. Ja? fragt der Mann, der groß und gedrungen ist und von dessen Gesichtszügen er nicht viel erkennen kann.
Ein Bier, bitte.
Bier haben wir nicht. Nur Korn.
Einen Korn dann.
Der Mann gießt aus einer Kruke ein, kommt mit dem Schnapsglas, das aus Steingut ist, hinter dem Tresen hervor und stellt es neben Georg auf die Holzfläche der Bank.
Georg trinkt. Der Schnaps macht heiß, aber wenigstens vertreibt er die Dumpfheit, die er mit sich herumgetragen hat. Er fragt nach dem Preis.
Später, sagt der Mann, vielleicht trinkt Ihr ja noch einen?
Was jetzt sagen?
Es ist gut, daß es so düster ist. Bestimmt habe ich jetzt wieder diese roten Flecken auf Wangen und Hals, denkt Georg.
Soll er den Schnaps loben, vom Wetter reden? Aber dann nimmt ihm der Mann das Fragen ab.
Kommt Ihr von weit her?
Heute von Frankfurt. Habt Ihr immer so wenig Gäste?
Herr, sagt der Mann, es gibt nicht allzuviel Leute in unserem Dorf, die sich unter der Woche einen Schnaps leisten können.
War die Ernte nicht gut?

Gut oder schlecht, sagt der Mann, das ändert nichts. Aber der Roggen sei noch nicht herein, und man müsse mit Schaden rechnen bei den häufigen Regenfällen in den letzten Tagen.
Trinkt Ihr einen Schluck mit? fragt Georg.
Warum nicht, Herr, sagt der Mann, schlurft wieder zum Tresen und holt einen zweiten Becher und die Kruke. Auf Eure Gesundheit!
Auf die Eure!
Der Mann sitzt jetzt auf einer Bank, ihm schräg gegenüber, und sie trinken.
Hättet Ihr ein Bett über Nacht für mich? fragt Georg.
Nur im Heu ... Ihr seid Student, oder?
Georg nickt. Er versucht noch immer, die Gesichtszüge des Mannes auszumachen. Auf dem Weg nach Gießen sei er, sagt Georg, vielleicht habe er ja einen Schatz hier.
Dann seht nur zu, daß Ihr nicht mit den Fäusten unserer Burschen Bekanntschaft macht, und wenn Ihr sie mitbringt, wenn Ihr sie mitnehmt ins Heu, in meine Scheune, dann müßt Ihr schon noch einen Kreuzer dazulegen.
Nein, sagt Georg, wegen eines Mädchens sei er nicht hier.
Er spürt, wie der Mann neugierig wird. Der Mann rückt auf der Bank etwas auf ihn zu und fragt: Trinkt Ihr noch einen? Dabei hat er schon eingeschenkt.
Nur, wenn Ihr auch noch einen mittrinkt. Auf meine Rechnung, versteht sich.
Ich bin so frei, sagt der Mann und ächzt wohlig, als er den Schnaps hinuntergekippt hat. Nicht wahr, Ihr seid doch kein Student?
Doch, bestimmt.
Aber Ihr stellt Nachforschungen an, Herr Student. So ist's doch?
Und wenn es so wäre?
... könntet Ihr bei mir so manches erfahren, tut sich der Mann wichtig. Er gießt sich wieder ein und trinkt. Diesmal vergißt er Georg.
Dann fängt er an zu reden, als kriege er es bezahlt, und Georg wird heißer dabei als zuvor bei den Schnäpsen. Klar, sagt der Mann, er sei im Bilde. Es gehe doch gewiß um diese Flugblätter. Zwei davon seien vorgestern im Dorf gefunden worden. Das eine bei

Lauritzens hinter dem Schweinestall. Das andere auf dem Kirchhof. Die Bauern, die sie gefunden hätten, seien zu ihm gekommen, weil er recht flüssig lese und der Pfarrer nicht gleich zur Stelle gewesen sei. Er habe nur einen Blick auf den Wisch werfen brauchen, da sei ihm schon alles klar gewesen. Revoluzzerblätter. Hetze gegen die hohe Obrigkeit. Er habe den Bauern geraten, die Blätter auf der Stelle nach Vilbel auf die Gendarmeriestation zu tragen. Zwei Gendarmen seien dann auch noch am Heiligen Sonntag zu Pferde herübergekommen. Sie hätten die Fundorte genau protokolliert, und selbst der Herr Pfarrer sei verhört worden.
So ist's recht, lobt Georg und sagt, jetzt schon ganz sicher in seiner Rolle: Wir messen nämlich der Angelegenheit größte Bedeutung bei.
Der Mann stockt, starrt ihn an. Ihr seid also tatsächlich von der ...
Keine Namen bitte, Diskretion!
Ehrensache, stammelt der Mann, ich hab's gleich gewußt, daß Ihr kein Student seid.
Wie das?
Zum ersten: Ihr seht so gesetzt aus. Zum zweiten: Hat man je einen Herrn Studiosus getroffen, der einem armen Mann einen Korn zahlt?
Ah so. Und noch etwas: Kein Wort von unserer Unterredung zu den Gendarmen und zum Herrn Pfarrer.
Ist's denn ein Staatsgeheimnis?
Unsinn. Meine Behörde legt lediglich Wert darauf, sich ein eigenes Bild von der Situation auf dem Lande zu machen. Zudem: viele Gendarme sind Tölpel. Und gegenüber der Geistlichkeit auf dem Lande ist neuerdings durchaus auch Mißtrauen angebracht.
Was Ihr nicht sagt.
Also, offen heraus: was sagen die Leute zu der Schrift?
Ob er noch einen Korn nehmen dürfe? fragt der Mann.
Aber bitte, bedient Euch nur.
Wo's doch auf Staatskosten ist, sagt der Mann, nachdem er noch einen Schnaps gekippt hat, und wischt sich mit dem Handrücken über die Lippen.

Eure Information, erinnert Georg.
Ja also, fängt der Mann an, wenn Ihr wissen wollt, was man hier denkt ... Ich will mal sagen: wir sind arme Leut, wir bleiben arme Leut, aber unsern Herrn Großherzog lieben und verehren wir doch!
Bravo, guter Mann. Und weiter?
Und Fremde müssen da nicht kommen und uns sagen wollen, wie es auf der Welt zugeht. Fremde nicht und Franzosen schon allemal nicht.
Wieso Franzosen?
Das kommt doch alles aus Frankreich. Woher denn sonst!
Seid Ihr da sicher?
Ganz sicher, Herr.
Immerhin, manches in der Schrift entspricht doch jedenfalls den Tatsachen.
Tatsachen, Tatsachen, ruft der Mann voller Eifer, wen kümmern denn Tatsachen. Die Bauern nicht und mich auch nicht. Tatsachen kann ich nicht essen und trinken.
Na, Tatsache ist doch wohl, daß Ihr hohe Steuern zahlen müßt und die Ablösung für den Zehnten und die Grundrenten. Ihr wollt doch nicht behaupten, daß dies ein jeder nur so aus dem Ärmel schüttelt.
Steuern gibt's nun mal, da hilft nichts, und das weiß der Bauer.
Und heißt es auf dem Wisch nicht auch, euer Geld werde verpraßt in der Residenz? Wird das geglaubt?
Herr, der Mann lächelt schlau, wißt Ihr, wieviele hier lesen können? Das Dorf zählt um die vierhundert Seelen, aber wenn es fünf sind, dann ist das gewiß hoch gegriffen. Schreiben, das mag noch angehen. Den eigenen Namen und auch ein paar Worte mehr. Aber Lesen, eine ganze Schrift lesen, das schafft kaum jemand. Und selbst wenn – keiner ist doch je in der Residenz gewesen. Da kann viel behauptet werden von Prassen und Hurerei. Und daß es glänzend zuginge auf einer Fürstenhochzeit, wer wollte deshalb maulen? Das muß sein.
Er müsse jetzt gehen, sagt Georg, und es kommt ihm vor, als falle dieser Satz etwas zu rasch. Deswegen fügt er hinzu: Ihr habt mir einen wichtigen Dienst erwiesen.

Er zahlt reichlich für den Schnaps, läßt sich den Weg zu Elbert beschreiben. Nur deshalb ist er im Dorfkrug eingekehrt.
Wenn die hohe Obrigkeit zu Frankfurt mal wieder derartige Informationen brauche, er stehe immer zu Diensten.
Psst, sagt Georg und hebt die Hand.
Immer zu Diensten, immer zu Diensten, hallt es in ihm nach, als er schon wieder draußen vor der Tür ist und nicht weiß, ob er lachen oder heulen soll.
Mit dem jungen Elbert geht es dann leichter, als er erwartet hat. Er sagt ihm bei der Begrüßung ein Parolewort, das unverfänglich genug ist, um unter jeden zweiten Satz geflickt zu werden und das er von Weidig kennt. Der junge Mann ist nicht viel älter als er. Er nimmt ihn mit ins Haus und stellt ihn den Eltern als einen Freund aus Friedberg vor. Sie laden ihn zum Essen ein. Es gibt Kartoffeln und dicke Milch. Ehe sie mit dem Essen beginnen, spricht der Alte ein Gebet. Der Vater, die Mutter und der Großvater stellen keine Fragen. Die vier jüngeren Geschwister, die mit am Tisch sitzen, blicken Georg manchmal neugierig und prüfend von der Seite an. Das Anwesen der Elberts ist ein Gehöft, das sich von den anderen durch eine gewisse Wohlhabenheit unterscheidet. Nach der Mahlzeit erklärt der junge Elbert, der mit Vornamen Karl heißt, er wolle den Freund noch ein Stück begleiten. Die Mutter nickt stumm. Der Vater sagt trocken: Paßt nur auf, daß euch kein Gendarm begegnet. Er scheint eingeweiht.
Draußen sagt Georg, er wolle auf dem kürzesten Weg nach Butzbach gehen.
Geradewegs nach Norden: Okarben, Friedberg, Ostheim, rät ihm Karl.
Als sie auf offenem Feld sind, fragt Georg ohne Vorbereitung, ob Minnigerode in Friedberg eingeliefert worden sei.
Auf solche Fragen zu antworten, sei nicht ungefährlich, meint Karl.
Georg gibt ihm zwei Geldstücke. Nachdem er an ihnen prüfend herumgefingert hat, meint Karl, das sei nicht genug.
Georg schiebt noch einmal zwei Geldstücke nach. Dann fragt er, ob eine Befreiung möglich sei.
Das komme darauf an, wieviel man dafür aufbringen könne.

Ihr tut das nur für Geld, stellt Georg fest.
Für was sonst? erwidert Karl.
Was er von der Aktion mit der Flugschrift halte? fragt Georg und drückt ihm noch einmal Geld in die Hand. Er hofft immer noch darauf, daß die Schrift nicht überall so aufgenommen worden sei wie in dem Dorf, aus dem sie kommen.
Unsinn, sowas, und ein gefährlicher dazu, sagt Karl.
Aber der Wirt habe sie immerhin gelesen, beharrt Georg.
Der Wirt sei ein Dummkopf, sagt Karl.
Den Eindruck habe er allerdings auch, sagt Georg und lacht unsicher. Wie es Minnigerode gehe?
Er hat das Maul bisher nicht aufgetan, aber sie haben ihn schon zweimal vorgenommen.
Georg will nicht genau wissen, was das bedeutet.
Also wieviel für die Befreiung?
Karl nennt die Summe. Für ihn muß sie beträchtlich sein. Er nennt sie zögernd, ist unsicher, ob er soviel bekommen wird. Gewiß könnte man handeln. Georg überlegt sich: für ihn ist es die Summe von zwei Monatswechseln.
Glücklicherweise ist es jetzt dunkel.
Und keine Besuche mehr daheim, sagt Karl.
Wie er ihn dann kontakten solle?
Über den Apotheker. Und jetzt müsse er umdrehen, sagt Karl.
Einen Augenblick, sagt Georg, so lange müsse einfach Zeit sein. Er will auch von ihm eine Einschätzung über die Wirkung der Flugschrift unter den Bauern.
Einer habe geäußert, das Papier sei zu rauh, um sich damit den Arsch zu putzen.
Aber etwas muß sie doch beeindrucken, irgend etwas? fragt Georg.
Ein anderer habe gesagt, Bibelsprüche mache auch der Pfarrer in der Kirche.
Vielleicht geht es ihnen immer noch zu gut, murmelt Georg.
Zu gut, sagt Karl höhnisch, na, Ihr müßt's ja wissen. Ihr seid ja ein gelehrter Herr.
Und was sagen die Gendarmen? Was sagen Eure Kollegen im Gefängnis?

Mehr Arbeit macht's. Man muß über Land. Man muß viel schreiben. Wer hat das schon gern.
Danke, sagt Georg, Ihr könnt jetzt gehen.
Jetzt müsse er noch etwas fragen, sagt Karl.
Und das wäre?
Ob es wahr sei, daß das Geld von jenseits der Grenze komme.
Wie soll das gemeint sein: von jenseits der Grenze?
Vom Franzosen.
Nehmt Ihr's dann nicht?
Ha, Geld sei Geld. Es habe ihn nur interessiert.
Nein, bestimmt nicht. Wer denn das aufbringe mit den Franzosen?
Karl zuckt die Achseln. Die Leut', aber die reden halt viel, wenn der Tag lang ist.
Ohne Gruß gehen sie auseinander.
Georg beeilt sich. Nach ein paar Stunden wird die Müdigkeit lästiger, aber er zwingt sich weiterzugehen. Er will vor sich wenigstens die Genugtuung haben, noch in dieser Nacht Butzbach und dort das Haus Weidigs zu erreichen.
Er fühlt sich sehr elend. Alles keinen Zweck. Alles falsch. Man muß das analysieren. Aber nicht jetzt. Jetzt gilt es nur, den Weg hinter sich zu bringen. Später klopft er an denselben Fensterladen, an den er vor zwei Nächten schon einmal geklopft hat. Aber diesmal ist es nicht Carl Zeuner, der ihm öffnet, sondern Weidigs Frau.
Sind Sie es, Georg?
Sind Sie wieder gesund? fragt er, froh, daß sie wieder auf ist. Ihre Sanftheit tut ihm gleich wieder wohl.
Noch nicht so recht, antwortet sie und fragt, wo er jetzt herkomme.
Er sagt es.
Erzählen können Sie morgen. Das Haus ist voller Leute.
Schlimme Neuigkeiten? Neue Verhaftungen? fragt er. Er ist jetzt hellwach.
Nichts dergleichen, sagt sie, aber er merkt, daß sie schwindelt. Sie müssen jetzt schlafen, Georg.
Ja, sagt er, schlafen. Und am besten nicht mehr aufwachen.
Morgen ist es besser, spricht sie ihm Mut zu.

Ja wirklich? sagt er. Welche Gewähr haben Sie dafür?
Die Sonne, sagt sie.
Ich werde Sie daran erinnern, murmelt er.
In der Kammer, die sie betreten, schläft ein Kind. Sie nimmt es behutsam auf.
Ein Strohsack hätte es für mich auch getan, brummelt Georg verlegen.
Aber sie ist schon aus dem Zimmer.
Gerade, daß er seine Stiefel noch auszieht, dann läßt er sich erschöpft auf das Bett fallen. Es beginnt gerade, hell zu werden. Es ist schon ziemlich hell.
Tatsächlich, die Sonne, denkt er noch, ehe er in den Schlaf stürzt.

Anfang 1834 ist der Medizinstudent Georg B. zwanzig Jahre alt. Dr. Friedrich Ludwig Weidig, verheiratet, Vater von zwei Kindern, ist dreiundvierzig Jahre alt. Als Sohn eines Forstmeisters in Oberkleen bei Wetzlar geboren, studiert Weidig seit Herbst 1808 evangelische Theologie in Gießen. 1812 wird er, wahrscheinlich aus politisch-disziplinären Gründen, von der Universität relegiert. 1814/15 ist er maßgebend an der Gründung der nationalrevolutionären »Deutschen Gesellschaft« in Usingen und Butzbach, der sogenannten Gießener »Schwarzen« und der »Deutschen Lesegesellschaft«, alles radikal-oppositionelle Tarnorganisationen, beteiligt. 1819/20 wird er zum ersten Mal wegen des Verdachts demagogischer Umtriebe von der Polizei verhört. Er promoviert an der Universität Gießen mit einer vergleichenden Arbeit über Sophokles und Alfieri und erhält, nachdem er sich bereits 1824 vergeblich darum beworben hat, 1826 die Rektorenstelle in Butzbach.
Wo immer Nachrichten über sein Leben vorliegen, weisen diese Weidig als einen Mann aus, der unverdrossen die Herrschenden kritisiert und die Voraussetzungen für eine demokratische, nicht unbedingt aber eine republikanische Gesellschaftsordnung zu schaffen versucht. Er hat sich nicht gescheut, als Prediger und Lehrer seine Gemeinde und seine Schüler im Sinn seiner politischen Überzeugung zu beeinflussen, selbst auf die Gefahr

hin, Schwierigkeiten mit den ihn kontrollierenden Aufsichtsbehörden zu bekommen.
Er ist 1818 der Meinung gewesen, der sittliche Zweck des revolutionären Kampfes heilige alle Mittel.

In Gesprächen hat er die Ermordung Kotzebues durch den Studenten Sand gerechtfertigt. Er hat auch erklärt, in solchen Zeiten seien Meineide vor Gericht nicht verwerflich.
Er hat als Bataillonsadjutant der Landwehr die Offiziere des stehenden Heeres Fürstenknechte und Söldner genannt. Er hat die landesständische Verfassung des Großherzogtums Hessen-Darmstadt und das dazugehörige Wahlgesetz als »Instrumente der Feld- und Schollen-Aristokratie« bezeichnet. Er hat durchgesetzt, daß nicht Studenten und wohlhabende Bürger, sondern zwei Handwerker aus Butzbach, der junge Seiler Carl Zeuner und der Seifensiedermeister Arndt, als Delegierte dieser Gegend nach Hambach reisen.
Er hat versucht zu erreichen, daß dieses Fest nicht ein einmaliges Ereignis bleibt, sondern den Auftakt bildet zu sogenannten »Assisen«, feierlichen politischen Beratungen oder Volksversammlungen.
Nach dem dürftigen konkreten Ergebnis in Hambach ist er es, der im Großherzogtum zahlreiche Wiederholungen des Hambacher Tages in Form von Singfesten und ähnlichen Veranstaltungen plant und vorbereitet. Und es ist ausgerechnet der führende Mann unter den hessischen Liberalen und Konstitutionellen, Emil Hoffmann, der ihm in den Rücken fällt.
Hoffmann spricht bei Minister Du Thil vor und läßt diesen wissen, die Opposition beabsichtige, den bevorstehenden Jahrmarkt zu Eulbach zu einem Hambacher Fest im kleinen umzufunktionieren. Angeblich will Hoffmann vermeiden, daß es zu Ausschreitungen kommt. Tatsächlich spekuliert er auf eine Allianz zwischen fürstlicher Regierung und liberal-großbürgerlicher Opposition. Am Tag des Festes ist der Marktplatz von Eulbach von Truppen umstellt. Außer ein paar zahmen Reden muß jegliche Agitation unterbleiben.
Weidig ist mit zu den treibenden Kräften bei der Vorbereitung des »Frankfurter Wachensturms« zu zählen. Aber er wird sich bald darüber klar, daß die Vorbereitungen allzu dilettantisch verlaufen, daß die Zeit für ein so weitzielendes Unternehmen – immerhin erwartete man, das württembergische Heer und ein polnisches Bataillon, aus Besançon kommend, würden sich den

Aufständischen anschließen, und hatte sogar schon die Mitglieder einer provisorischen Regierung bestimmt – noch nicht reif ist. Er fährt daraufhin nach Frankfurt und versucht Dr. Gärth, einen der Rädelsführer, zu bestimmen, die Aktion vorläufig zu verschieben. Gärth gibt sich Weidig gegenüber überzeugt, betreibt aber hinter dessen Rücken die Vorbereitungen für den Putsch desto eifriger.
Als nach dem Scheitern des Wachensturms viele Liberale von den Frankfurter Revoluzzern abrücken, ist es Weidig, der, anstatt sich enttäuscht von weiteren Aktivitäten zurückzuziehen, zielstrebig und einfallsreich Anstrengungen unternimmt, um seinen verhafteten Schülern und Freunden zu helfen und sie freizubekommen.
Im Kampf gegen die Bundes-Zentralbehörde und gegen die Untersuchungsorgane des Großherzogtums ist Weidig jedes Mittel recht. Richter erhalten anonyme Briefe, andere, die als besonders unbequem gelten, werden öffentlich irgendwelcher Amtsverfehlungen beschuldigt, damit ein Disziplinarverfahren gegen sie eröffnet werden muß und sie so gezwungen sind, ihre Mitarbeit bei den Untersuchungen zu unterbrechen.
Für Verhaftete werden Alibis verabredet. Nachrichtenverbindungen zu den im Friedberger Gefängnis Einsitzenden werden organisiert. Man mietet beispielsweise eine konspirative Wohnung an, von der aus man den Gefängnishof einsehen und sogar hinüber zu den Zellen Zeichen geben kann. Auch eine Art Knotenschrift, zu der man die im Gefängnis verarbeiteten Garnsträhnen benutzt, und Bibeln, deren Text verschlüsselte Mitteilungen enthalten, dienen dazu, den Angeklagten mitzuteilen, was sie zu ihrer Entlastung vorzubringen und wen sie als Zeugen zu benennen haben.
Ende 1833 wird der hessische Landtag durch die Regierung Du Thil aufgelöst, Neuwahlen werden ausgeschrieben. Im November 1833 erscheint Weidigs geheime Flugschrift *Adresse an die edlen Volksvertreter*, in der er trotz seiner schlechten Erfahrungen mit Hoffmann den Abgeordneten der liberalen Opposition den Dank für ihren Widerspruch gegen Fürstenwillkür ausspricht, aber auch die Forderung stellt, der Kampf müsse im neuen Landtag weitergeführt werden. Weidig ist ein Mann, der in enger Verbindung mit Stimmung und Empfindungswelt der hessischen Klein-

städter und Kleinbauern lebt, dem es mit seinen Grundsätzen ernst ist und der sich für seine politische Überzeugung bis zur Aufopferung einsetzt. Durch seine langjährigen Erfahrungen verfügt er über weitreichende Kontakte. Es gibt eigentlich niemanden in der oppositionellen Szene, den er nicht kennt, und allgemein wird anerkannt, daß er ein Gespür für die Veränderungen der inneren und äußeren Voraussetzungen hat, unter denen gekämpft werden muß.

So oder ähnlich mag August Becker von Weidig erzählt haben. Dennoch besteht von Anfang an eine gewisse Spannung zwischen Georg B. und Ludwig Weidig, zwischen dem Zwanzigjährigen und dem Mann in den besten Jahren.

Georg spielt sein in Frankreich erworbenes ideologisches Wissen aus, um die jungen Leute in Gießen und Butzbach zu beeindrukken. Weidig ist sich über das Krähwinkelhafte der hessischen Zustände wohl im klaren. Und freilich ist das Bewußtsein der Opposition in Frankreich weiter fortgeschritten als in dem deutschen Kleinstaat. Aber immerhin hat er ja in den letzten fünfundzwanzig Jahren die Hände nicht in den Schoß gelegt. Er hat kontinuierlich und zielstrebig politisch gearbeitet. Und manches an dem jungen Mann, den Becker mit zu ihm gebracht hat, wirkt exaltiert, überzogen und realitätsfremd.

Gerade dieser Einwand, der, obwohl nicht offen ausgesprochen, doch im Raum steht, reizt Georg. Er ist durchaus bereit, Weidigs Erfahrung, seine Verdienste, seine Unermüdlichkeit als solche zu akzeptieren, aber gleichzeitig bemerkt er die Rückständigkeit seines Bewußtseins und beobachtet bei Weidig Illusionen, die er sich schon längst nicht mehr macht.

Das betrifft vor allem die Einschätzung der Liberalen und Konstitutionellen, aber auch die unterschiedliche Haltung zum Christentum. Für Weidig ist eine ideale Gesellschaftsordnung denkbar, in der der christliche Glaube harmonisierend wirkt, die Nächstenliebe Klassenkonflikte überwindet. Georg B. hält dies für völlig unrealistisch, und es empört ihn, wenn ein Mann, der solche Vorstellungen hat, sein am Neobabouvismus orientiertes Programm als wirklichkeitsfremd ansieht.

Davon abgesehen ergeben sich Spannungen, da durch Georgs

Auftauchen der Führungsanspruch Weidigs bestritten wird. Über Jahre hin ist Weidig der tonangebende Mann der radikalen Opposition gewesen. Jetzt muß er sehen, welche Faszination die von Georg verkündeten Ideen nicht nur auf die Studenten, sondern auch auf die jungen Handwerker haben. Und wenn er fürchtet, manche der Vorstellungen, für die Georg redegewandt eintritt, müßten in Hessen mehr schaden als nutzen, so hat er damit sogar objektiv recht. Das Großherzogtum Darmstadt ist nicht der Elsaß. Man würde Leute, die man in mühevoller Kleinarbeit in die Opposition eingebunden hat, tödlich verschrekken, wenn man sie unvorbereitet mit dem konfrontierte, was dieser Student ins Land trägt.
Georg wiederum hält solche Rücksichtnahme, hält vorsichtiges Lavieren für völlig falsch. Wenn Weidig erklärt, es sei sein Grundsatz, daß man auch den kleinsten revolutionären Funken sammeln müsse, solle es dereinst brennen, und daß er deshalb Republikaner unter Republikanern und unter Konstitutionellen konstitutionell sei, fragt B., ob er nicht auch finde, daß dies der Gesinnungslumperei gefährlich nahe komme. Und was denn das heißen solle, kein ehrlicher Mann werde sich bei einem solchen Programm an seine Seite stellen. Es sei keine Kunst, ein ehrlicher Mann zu sein, wenn man täglich Suppe, Gemüse und Fleisch zu essen habe. Zum Teufel mit all den Herren, die für die Freiheit nur so lange begeistert sind, wie sie sich an einem Zeitungsblatt festhalten können, das ihnen sagt, was sie zu denken haben. Sollten solche Leute an die Macht kommen, sagt Georg, sollten sie eine konstitutionelle Monarchie oder eine Republik einführen, so bekommen wir eine Geldaristokratie wie in Frankreich. Dann könne es auch gleich so bleiben wie es jetzt sei.
Das sei ein jugendlich-trotziger Alles-oder-Nichts-Standpunkt, den er nicht zu teilen vermöge, erwidert Weidig.
Mit dem Alter habe dieser Standpunkt nichts zu tun, sagt Georg, es gehe vielmehr darum, ob man bereit sei, radikal zu handeln, radikal zu denken, die Dinge an den Wurzeln zu packen. Er erwähnt Babeuf. Der Krieg zwischen arm und reich sei erklärt. Der Krieg zwischen Patriziern und Plebejern.
Weidig hakt bei dem Prinzip der Gleichheit ein. Babeuf hat er

gelesen. Ein Irrglaube, daß die Menschen gleich seien. Schrecklich die Vorstellung, sie alle gleich zu sehen.
Nun, erwidert Georg, da wolle er gleich noch einmal Babeuf zitieren. Für den jedenfalls habe außer Zweifel gestanden, daß die Überlegenheit der Talente und des Fleißes nur ein Märchen sei, das den Verschwörern gegen die Gleichheit zu allen Zeiten als Ausrede gedient habe. Außerdem habe er zu bedenken gegeben, daß der Wert von Intelligenz ebenfalls nur eine Sache der Schätzung sei.
Und solchen Unsinn glaubt ein so talentierter junger Mann, wie Sie es sind. Er, Weidig, fürchte, und diese Furcht gehe auf Erfahrungen zurück, daß Gleichheit die Gefahr in sich trägt, auf dem Niveau des Pöbels gleich zu werden.

Becker und Georg B. auf dem Heimweg nach Gießen – das Gespräch könnte so verlaufen sein:
Ihr seid ganz schön aneinandergeraten, ihr beide. Du mußt in Zukunft vorsichtiger mit ihm sein. Er ist wichtig für uns. Er hat Kontakte überall hin. Und er ist schon recht auf seine Art. Ich verdanke ihm viel. Er hat mich oft wochenlang durchgefüttert.
Weidig sei ihm durchaus nicht unsympathisch, antwortet Georg, aber vielleicht werde es doch notwendig sein, eine eigene Organisation aufzubauen.
Wie das laufen soll, mit wem und mit welchem konkreten Ziel, darüber ist vorläufig nichts aus ihm herauszubekommen.

Januar und Februar sind Monate mit mehr Regen und Graupeln als Schnee, viel Nebel, immer niedrig hängende graue Wolken über der Stadt. Georg betreibt seine medizinischen Studien mit Eifer. Daneben hat er noch andere Interessen. Er liest die Geschichte der Großen Revolution von Thiers. Er durchschaut die Tendenz dieses 1823 erschienenen Werkes. Es muß gedacht gewesen sein als Warnung an die damals sich noch an der Macht befindende Bourbonenpartei vor der Gefahr, die aus den Ansprüchen der Unterschicht erwächst. Das Aufbegehren der Jakobiner in der Großen Revolution wird als traurige Konsequenz der

Unsicherheit der Girondisten, der Liberalen von damals, hingestellt.
Tatsächlich ist das, wovor Thiers (und auch Mignet) mit ihren Geschichtswerken über die Große Revolution zu warnen versuchten, dann 1830 auch eingetreten. Das Volk ist zum Sprengsatz der Revolution geworden. Es war gut genug, um die Bourbonen zu stürzen. Nachdem das geschehen ist, hat das Bürgertum die Macht in die Hand genommen.
Georg in seinem Groll darüber, daß die armen Leute immer die Betrogenen sind, findet in Blanqui jemanden, den diese Erkenntnis ebenfalls empört hat. 1832 hat er in einer Rede vor den »Amis du peuple« in Paris verbittert gefragt:

Welche Fatalität führte dazu ..., daß eine vom Volk gemachte Revolution ... zu keinem anderen Resultat führte als zur Wiederherstellung des Despotismus der Mittelklasse, zur Verschlimmerung des Elends?

Es ist verständlich, daß bei solcher Lektüre und ihrer Verarbeitung bei B. die Abneigung gegen die Liberalen und Konstitutionellen, auf die Weidig unbedingt glaubt Rücksicht nehmen zu müssen, noch weiter wächst.

Georg ist wieder einmal nach Butzbach gegangen. Er hat mit Weidig über das Wahlrecht gesprochen, hat die Ansicht vertreten, in einer gerechten Republik müsse jeder Bürger ohne Rücksicht auf seine Vermögensverhältnisse eine Stimme haben.
Weidig setzte dagegen, daß dann eine Pöbelherrschaft wie in Frankreich entstehen werde. Wer solche Forderungen aufstelle, verkenne die Verhältnisse des deutschen Volkes.
August Becker, der wieder einmal längere Zeit in Butzbach wohnt, hat versucht zu vermitteln.
Als Zeuner, Weidigs Lieblingsschüler, der als Seiler arbeitet, einmal nach Gießen kommt, macht Georg eine spitze Bemerkung über Weidigs Aristokratismus. Zeuner verdankt Weidig alles, was seine Bildung angeht. Kein Wunder, daß er sich auf seine Seite schlägt und ihm zuträgt, was er in Gießen aufgeschnappt hat.

Weidig erfährt so von Georgs Vorwurf, der freilich mehr ironisch gemeint gewesen ist. Das allerdings wird in der Wiedergabe durch Zeuner nicht klar.
Bei einem anderen Treffen ist zwischen Weidig und B. von den Reichen die Rede.
Sehen Sie, sagt Weidig, der Frankfurter Weinhändler Hinkel und der Marburger Apotheker Döring haben die Vorbereitung des Wachensturms mitfinanziert. Verstehen Sie mich recht: wir sind in der Verdammung des Mammons gar nicht so weit voneinander entfernt. Ich will lediglich das Geld und das Prestige der Reichen für die Revolution benutzen.
Ich verstehe, sagt Georg, man benutzt sie, und hinterher werden sie willig parieren. Man sagt »kusch!«, und Geiz und Habsucht verflüchtigen sich.
Ich weiß nicht, Herr B., sagt Weidig, Sie haben immer so eine zynische Art, die Dinge auszudrücken. Das mißfällt mir.
Mir mißfällt der Zustand der Dinge, und für die Schöpfung des Menschen wollen Sie mich bitte nicht verantwortlich machen, erwidert Georg.
Es vergeht kein Zusammentreffen ohne Sticheleien, ohne Streit. Auch die Temperamente spielen eine Rolle. Georg legt es gewöhnlich darauf an, Weidig zu provozieren. Weidig ist eher in sich gekehrt, sucht Harmonie. Georg liebt Dissonanzen, vor allem in Streitgesprächen. Aber er kann sich auch bei August Becker darüber beklagen, daß Weidig immer seine größere Lebenserfahrung in die Waagschale werfe. Was könne er denn dafür, daß er über zwanzig Jahre jünger sei als Weidig.
Becker fällt es nicht leicht, beiden gegenüber loyal zu sein, ausgleichend zu wirken. Wenn es darum geht, Frieden zu stiften, ist Frau Weidig erfolgreicher. Von ihr genügt unter Umständen ein Blick, um Georg zahm zu stimmen. Außerdem ist er geradezu süchtig nach ihrem Klavierspiel.
Manchmal entstehen fast groteske Situationen. Dennoch sind Konflikte unvermeidbar. Wenn Weidig sich einen Volkskaiser wünscht, so macht Georg einen Weihnachtsmann daraus und mokiert sich darüber. Becker hält ihm entgegen, Weidig gebe aber auch seinen ehemaligen Schülern unentgeltlich Rechenstunden,

um ihnen bei ihrem sozialen Aufstieg zu helfen. Bauernburschen erteile er nach dem Abendessen Geschichtsunterricht.
Ah, ruft Georg, er bringt ihnen bei, wie man an den Weihnachtsmann, ich meine an den Volkskaiser, glaubt!
Auch Becker sieht Weidig durchaus kritisch. Als er die erste Nummer von Weidigs *Leuchter und Beleuchter für Hessen* durchgeblättert hat, fragt er: Und Sie sind sicher, daß da nicht ein Versehen geschehen ist und man Ihnen statt Ihrer Schrift das Volksblatt von Ernst Emil Hoffmann geliefert hat?
Sie imitieren unseren gemeinsamen Freund B., sagt Weidig.
Im Ernst, sagt Becker, ich bin gegen diesen Klatsch, mit dem Sie da arbeiten. Ich bin gegen persönliche Verunglimpfungen, obwohl ich einsehe, daß man revolutionäre Bewegungen herbeiführen kann, wenn sich das gemeine Volk über die Staatsdiener empört.
Es geht vor allem um die bevorstehenden Wahlen zum Landtag, erklärt Weidig.
Ach, lassen Sie mich mit diesen Pseudowahlen in Ruhe. Es ist nicht der Mühe wert, eine Opposition zu unterstützen, der es nie gelungen ist, die Gunst des Volkes zu erringen.
Ist das auch unser Freund B.? Oder ist das auf Ihrem eigenen Mist gewachsen? fragt Weidig scharf.

Um den 8. März 1834 sind eine ganze Anzahl jener Studenten und Handwerker, die im Zusammenhang mit den Ereignissen des Frankfurter Wachensturms in Friedberg in Haft saßen, gegen »juristische Kaution« entlassen worden. Georg spricht mit ihnen und gründet die »Gesellschaft der Menschenrechte«.
In ihre Gießener Sektion treten während der sich bis Mai/Juni hinziehenden Gründungsphase ein: August Becker, 21 Jahre, ehemaliger Student der Theologie, Louis Becker, Deckname »Zopf«, 25 Jahre, Kandidat der Theologie. Gustav Clemm, Deckname »Klauer«, 20 Jahre alt, zunächst Student der Theologie, später Student der Kammeralistik und der Chemie, Carl Minnigerode, Deckname »Dambohr« (Tambour), ein Klassenkamerad Georgs aus Darmstadt, 19 Jahre, Student der Rechtswissenschaften, David Schneider, 24 Jahre, Küfermeister, kürzlich

von Neustadt in der Pfalz nach Gießen übersiedelt, beteiligt am Wachensturm, Jacob Friedrich Schütz, 20 Jahre, Student der Rechtswissenschaften, beteiligt am Wachensturm, und Hermann Trapp, ein Schulfreund von Georg B. und wie dieser Student der Medizin. Clemm und Schütz befinden sich zum Zeitpunkt der Gründung noch in Haft. Sie sind erst am 20. 3. bzw. 11. 4. 1834 entlassen worden.
Die Sitzung der Geheimgesellschaft findet später meist auf Clemms Studentenbude statt. Man vergleicht seine Vorstellungen von einer idealen Gesellschaftsordnung. Es wird beschlossen, eine Gesellschaftskasse einzurichten. Sanktionen gegen Geheimnisverrat werden erwogen. Der Küfer Schneider vertritt dabei die Meinung, schwatzhafte Mitglieder müßten ermordet werden. Schütz und Louis Becker wollen nach dem Vorbild der in der Schweiz schon bestehenden Handwerksvereine in stärkerem Maße Kontakte zur Handwerkerschaft herstellen. Erstaunlich genug ist es, daß in dieser Runde Handwerker und Nichtakademiker überhaupt vertreten sind.
Mögliche Sympathisanten und angehende Mitglieder werden zunächst jeweils von Georg B. und August Becker einer Art vorfühlenden Prüfung unterzogen:

In der Unterhaltung mit ihnen wurden die Rechte des Menschen, die Staatsformen, mitunter nur in philosophischen Gesprächen wie z. B. die Frage, ob der Staat eine Todesstrafe zu erkennen das Recht habe, verhandelt und besprochen. Sie haben immer davon gesprochen, daß die einfachste und dem Naturgesetz angemessenste Staats- und Regierungsform die wünschenswerteste sei, und als Ideal für diese erkannten sie die Republik und erklärten, man müsse darauf hin auch in Deutschland wirken.

Schon beim ersten Treffen, also bei der Gründungsversammlung der »Gesellschaft der Menschenrechte« beeindruckt B. seine ehemaligen Darmstädter Schulkameraden wie auch die Gießener Studenten und Handwerker durch die »Neuheit seiner Ideen« und »den Scharfsinn, mit welchem er diese vorträgt.«
Er verspricht, eine Art programmatischer Flugschrift zu entwerfen, ermuntert aber auch die anderen, ähnliches zu versuchen. Als

Arbeitsunterlage für diesen Text entleiht er zwischen dem 13. und 15. März in Butzbach von Weidig die *Statistisch-topographisch-historische Beschreibung des Großherzogtums Hessen.* Mit Bekker bespricht er die Argumentationsweise und die politische Strategie, die ihm zu diesem Zeitpunkt als die einzig sinnvolle erscheint:

Die Versuche, welche man bis jetzt gemacht hat, um die Verhältnisse Deutschlands umzustoßen, sagte er, beruhen auf einer durchaus knabenhaften Berechnung, indem man, wenn es wirklich zu einem Kampf, auf den man sich doch gefaßt machen mußte, gekommen wäre, den deutschen Regierungen und ihren zahlreichen Armeen nichts hätte entgegenstellen können, als eine Handvoll undisziplinierter Liberaler. Soll jemals die Revolution auf eine durchgreifende Art ausgeführt werden, so kann und darf das bloß durch die große Masse des Volkes geschehen, durch deren Überzahl und Gewicht die Soldaten gleichsam erdrückt werden müssen. Es handelt sich also darum, diese große Masse zu gewinnen, was vorderhand nur durch Flugschriften geschehen kann.
Die früheren Flugschriften, welche zu diesem Zweck etwa erschienen sind, entsprachen demselben nicht; es war darin die Rede von Wiener Kongreß, Pressefreiheit, Bundestagsordonnanzen und dergleichen, lauter Dinge, um welche sich die Bauern (denn an diese, meinte Büchner, müsse man sich vorzüglich wenden) nicht kümmern, solange sie noch mit ihrer materiellen Not beschäftigt sind; denn diese Leute haben aus sehr nahe liegenden Ursachen durchaus keinen Sinn für die Ehre und Freiheit ihrer Nation, keinen Begriff von den Rechten des Menschen usw., sie sind gegen all das gleichgültig und in dieser Gleichgültigkeit allein beruht ihre angebliche Treue gegen die Fürsten und ihre Teilnahmslosigkeit an dem liberalen Treiben der Zeit; gleichwohl scheinen sie unzufrieden zu sein und sie haben Ursache dazu, weil man den dürftigen Gewinn, welchen sie aus ihrer sauren Arbeit ziehen und der ihnen zur Verbesserung ihrer Lage so notwendig ist, als Steuer von ihnen in Anspruch nimmt.
So ist es gekommen, daß man bei aller parteiischen Vorliebe für sie doch sagen muß, daß sie eine ziemlich niederträchtige Gesinnung angenommen haben; und daß sie, es ist traurig genug, fast an keiner Seite mehr zugänglich sind, als gerade am Geldsack.

Dies muß man benutzen, wenn man sie aus ihrer Erniedrigung hervorziehen will; man muß ihnen zeigen und vorrechnen, daß sie einem Staat angehören, dessen Lasten sie größtenteils tragen müssen, während andere den Vorteil davon beziehen, daß man von ihrem Grundeigentum, das ihnen ohnedem so sauer wird, noch den größten Teil der Steuer erhebt, während die Kapitalisten leer ausgehen (keine Steuern zahlen brauchen). (...)
Dieses Mittel, die Masse des Volkes zu gewinnen, muß man, fuhr Büchner fort, benutzen, solange es noch Zeit ist.
Sollte es den Fürsten einfallen, den materiellen Zustand des Volkes zu verbessern, sollten sie ihren Hofstaat, der ihnen fast ohnehin unbequem sein muß, sollten sie die kostspieligen stehenden Heere, die ihnen unter Umständen entbehrlich sein könnten, vermindern ..., dann ist die Sache der Revolution, wenn sich der Himmel nicht erbarmt, in Deutschland auf immer verloren. Seht die Österreicher, sie sind wohlgenährt und zufrieden! Fürst Metternich, der geschickteste unter allen, hat allen revolutionären Geist, der jemals unter ihnen aufkommen könnte, für immer in ihrem eigenen Fett erstickt.

Nachdem die schwere psychosomatische Krise, in die Georg – nach eigenen Angaben in den Briefen an Minna Jaeglé – geraten war, nun überwunden scheint, kommt es zu einer neuen Krise, die gewiß verschiedene Ursachen hat.

Ich studierte die Geschichte der Revolution. Ich fühlte mich wie zernichtet unter dem gräßlichen Fatalismus der Geschichte. Ich finde in der Menschennatur eine unabwendbare Gleichheit, in den menschlichen Verhältnissen eine entsetzliche Gewalt... Der einzelne nur Schaum auf der Welle, die Größe ein bloßer Zufall, die Herrschaft des Genies ein Puppenspiel, ein lächerliches Ringen gegen ein ehernes Gesetz, es zu erkennen das Höchste, es zu beherrschen unmöglich. Es fällt mir nicht mehr ein, vor den Paradegäulen und Eckstehern der Geschichte mich zu bücken. Ich gewöhnte mein Auge ans Blut. Aber ich bin kein Guillotinenmesser. (...) Was ist das, was in uns lügt, mordet, stiehlt? Ich mag dem Gedanken nicht weiter nachgehen. Könnte ich aber dies kalte und gemarterte Herz an Deine Brust legen!

Dieser Brief ist als Absage an den Sinn direkten politischen Engagements, als Ausdruck eines nihilistischen Bewußtseins gewertet worden. Wie aber verträgt sich das mit der unbestreitbaren Tatsache, daß Georg B. eben um diese Zeit (zwei Tage später vielleicht, vielleicht aber auch schon zwei Tage zuvor) zusammen mit den eben haftentlassenen Wachenstürmern die erste frühkommunistische Geheimgesellschaft in Deutschland gegründet hat? Thomas Michael Mayer löst diesen scheinbaren Widerspruch zwischen dem, was Georg B. in seinen Briefen äußert, und seiner Handlungsweise zur gleichen Zeit, indem er erklärt, es sei in den Briefen nicht die »Sinnlosigkeit alles geschichtlichen Geschehens schlechthin« gemeint, sondern vielmehr »etwas Konkretes«. B. sei in dieser Zeit zwar endgültig desillusioniert worden; aber nicht jegliche Revolution werde da verworfen, sondern Georg B. durchschaue nun endgültig die »bürgerliche Revolution«, um sich gleichzeitig in der Praxis einer anderen, eben nicht mehr bürgerlichen Revolution zuzuwenden.

Das klingt zunächst recht abstrakt und konstruiert. Aber man tut in der Tat gut daran, den sogenannten »Fatalismus-Brief« neu zu lesen. In diesem Brief steht auch der Satz: »Lieb Kind, was macht denn die gute Stadt Straßburg? Es geht dort allerlei vor, und du sagst kein Wort davon ...«

Was in Straßburg, in Frankreich um diese Zeit »vorgeht«, ist unter anderem dieses: Die Pariser Deputiertenkammer verabschiedet das Gesetz gegen die *associations*, mit dem praktisch alle Organisationen der republikanischen und der Arbeiterbewegung verboten werden.

Wird das von den Betroffenen hingenommen werden? Wird es nun zu einem revolutionären Protest kommen? Diese Fragen, die Minna weniger interessiert haben dürften, über die sie in ihren Briefen nichts berichtet – Georg interessieren sie offenbar brennend, so sehr, daß er von Minna Auskunft darüber fordert, auf der Stelle, ungeduldig, obwohl er sich in ein paar Wochen selbst darüber informieren kann. Denn auch dies sagt der Brief: Er hat Verwandte in Landau in der Pfalz, deren Besuch will er zum Vorwand nehmen, um einen Abstecher nach Straßburg zu machen.

Würde jemand, der von der Sinnlosigkeit aller geschichtlichen Abläufe grundsätzlich überzeugt ist und sich von daher dem politischen Handeln abwendet, gleichzeitig für tagespolitische Ereignisse im Nachbarland ein so intensives Interesse bekunden? Daß Georg gerade jetzt zum aktiven politischen Handeln findet, scheint mir eine glaubwürdigere Erklärung zu sein.

Lesend und in den Diskussionen mit Weidig fast ständig mit der Frage befaßt, was für Erwartungen an eine bürgerlich-konstitutionelle Revolution geknüpft werden können, deprimiert über die Enge des Horizonts jener, die sich in der Heimat oppositionell engagieren, davon überzeugt, daß es sich nicht lohne, sich um die verpfuschten und in einer Sackgasse steckenden »landständischen Angelegenheiten« zu kümmern, die Weidig andererseits in diesen Wochen sehr wichtig nimmt (er verteilt Ehrenbecher und arrangiert biedermeierliche Huldigungen für die heimgeschickten liberalen Deputierten!), kommt Georg in diesen Tagen mit jenen befreiten politischen Gefangenen zusammen, unter denen sich Schulfreunde und Klassenkameraden befinden. Mit anderen Gießener Studenten ist er den Haftentlassenen entgegengeritten, die man in Butzbach und Gießen bewirtet und gefeiert hat. In ersten Gesprächen hat er gemerkt, daß diese jungen Leute weit mehr als Weidig auf seine in Frankreich gewonnenen Erkenntnisse ansprechen. Wer würde durch politische Haft nicht desillusioniert, aber auch radikalisiert? Hier also trifft Georg zum ersten Mal auf heimischem Boden Gleichaltrige, mit denen konkretes politisches Handeln denkbar erscheint.

Immer wieder taucht bei Georg B. das Aufbegehren gegen die Verwandlung des Menschen in einen Automaten, eine Marionette auf. Protest gegen Versteinerung, Entfremdung. Immer wieder gibt es in seinen Briefen eindrucksvolle Belegstellen dafür, wie wichtig es ihm war, sich seine Lebendigkeit zu erhalten, sie, wo sie verlorenzugehen scheint, sich wiederzuerobern.

Es ist nur allzu verständlich, wenn auf die Depression der vergangenen Wochen jetzt ein optimistischer Aufschwung folgt. Was vor einigen Tagen nur Gefühl der »Zernichtung« war, könnte jetzt schon als Erfahrung betrachtet worden sein, aus der der Wille erwächst, aktiv mit dazu beizutragen, daß es anders komme als in der Großen Revolution des letzten Jahrhunderts, anders auch als 1830. Sich den Zusammenhang zwischen dem »Fatalismus-Brief« und der Gründung der »Gesellschaft der Menschenrechte« so vorzustellen, heißt nicht, Georg als jemanden anzusehen, der sich von Augenblicksstimmungen von einem Extrem ins andere treiben ließ. Es heißt, sich bewußt zu machen, welchen Spannungen er ausgesetzt war.

Georg selbst hat höchst anschaulich geschildert, wie es in ihm aussah:

Ich glühte, das Fieber bedeckte mich mit Küssen und umschlang mich wie der Arm der Geliebten. Die Finsternis wogte über mir, mein Herz schwoll in unendlicher Sehnsucht; es drangen Sterne durch das Dunkel, und Hände und Lippen bückten sich nieder.

Deutlicher lassen sich gegenüber einem Mädchen wie Minna unerfüllte Wünsche, die durch die räumliche Trennung und die anfängliche Isoliertheit in Gießen besonders akut werden mußten, kaum noch ausdrücken.

Aus Straßburg kommt die Nachricht, daß Minna erkrankt ist. Das bestärkt Georg in seinem Entschluß, sie in den Osterferien zu besuchen. Statt zunächst, wie offenbar ursprünglich beabsichtigt, nach Darmstadt zu reisen, wird er von Gießen direkt nach Straßburg gehen. Er schreibt an Minna:

Es überfällt mich eine unsägliche Angst. Du schreibst gleich, doch um's Himmelswillen nicht, wenn es dich Anstrengung kostet. Du sprachst mir von einem Heilmittel; lieb Herz, schon lange schwebt es mir auf der Zunge, ich liebte aber so unser stilles Geheimnis – doch sage Deinem Vater alles, – doch zwei Bedingungen: Schweigen, selbst bei den nächsten Verwandten. Ich mag nicht hinter jedem Kuß die Kochtöpfe rasseln hören, und bei den verschiedenen Tanten das Familienvatergesicht ziehen. Dann: nicht eher an meine Eltern zu schreiben, als bis ich selbst geschrieben. Ich überlasse Dir alles, tue, was dich beruhigen kann. Was kann ich sagen, als daß ich dich liebe; was versprechen, als was in dem Wort Liebe schon liegt, Treue? Aber die sogenannte Versorgung? Student noch zwei Jahre; die gewisse Aussicht auf ein stürmisches Leben, vielleicht bald auf fremdem Boden!

Welche Komplikationen sich vor der Reise nach Straßburg noch ergeben, geht aus dem folgenden Brief von Wilhelm Georg Reuß in Darmstadt an Georg B. in Gießen hervor:

Darmstadt, den 24. März 1834

Lieber Georg!
Ich war wirklich nicht wenig erstaunt heute morgen, einen Brief von Dir zu erhalten, worin Du noch um Geld bittest. Im größten Regen ging ich sogleich in die Heyrische Buchhandlung, und ließ mir eine Anweisung von 17 fl. 30 kr. an die dortige Buchhandlung geben; diese nebst einem Brief folgt anbei, wogegen Du sogleich das Geld in Empfang nehmen kannst. Wenn Du Dich nun beeilst, so mußt Du bis den Mittwoch Abend mit dem Gießer Briefkurier hier eintreffen; dies verlang ich vor allem von Dir; denn der Zustand, worin sich Dein Vater, insbesondere Deine leidende Mutter befindet über Dein Ausbleiben, ist der Raum zu kurz es hier zu beschreiben; ich weiß nicht, wie Du Dich hierüber genügend verantworten willst. Dein Vater ist so aufgeregt sowie auch Deine Mutter, daß ich ihnen von Deinem Verlangen nach Geld ohnmöglich etwas sagen konnte; sinne nun auf Deiner Reise darnach, wie wir es dem Vater beibringen wollen und wie Du Dein Ausbleiben entschuldigen kannst. Wärest Du wie andere Menschen, das heißt, gäbst Du Dir Mühe etwas Lebensklugheit Dir anzueignen, so hättest Du in Deinem ersten Brief an mich nur geschrieben, ich habe den Vater um 22 fl. gebeten, ich brauche aber außerdem noch 20 fl., so wärest Du nun schon hier; es ist recht schlimm, wenn man mit viel Kenntnissen als ein Schussel auf der Welt herumgehet. Mündlich ein mehreres. Dein Onkel

George Reuß

Etwa um den 27. März 1834 (Ostern fällt in diesem Jahr auf den 30. und 31. März) ist Georg B. in Straßburg eingetroffen. Die offizielle Bekanntgabe der Verlobung scheint ohne Schwierigkeiten vonstatten gegangen zu sein.
Um den 1. April planen republikanisch gesinnte Studenten einen Handstreich gegen das Hauptquartier der Garnison Straßburg, gegen das Polizeipräsidium und das Rathaus der Stadt. Sie wollen die Telegraphenleitungen nach Paris unterbrechen. Die Nationalgarde verhält sich abwartend. Die Behörden fürchten, die

regulären Truppen könnten mit den Studenten gemeinsame Sache machen.
In Lyon wird abermals der Generalstreik ausgerufen. Ein Gesetz gegen die sogenannten Assoziationen, die »Volksversammlungen« oder »Volksgesellschaften« tritt am 10. April in Kraft. Das Zentralkomitee der Straßburger »Société des Droits de l'homme«, in dem nun die neobabouvistischen Gruppierungen eindeutig in der Mehrheit sind, tagt pausenlos.
Am 13. April bricht in Paris ein republikanischer Aufstand los. In den Stadtvierteln Saint Martin, Saint Merry und du Marias werden Barrikaden errichtet. Bis zum Morgen des 14. Aprils sind die Unruhen von den Truppen Thiers niedergeschlagen. Wie es dabei zuging, welche Massaker die Regierungstruppen an Arbeitern verübten, denen republikanisches Sympathisantentum nachgesagt wurde, hat Honoré Daumier anklagend-karikierend festgehalten.
Den Rest der Osterferien verbringt Georg in Darmstadt und gründet hier eine Sektion der »Gesellschaft der Menschenrechte«. Zu der Darmstädter Sektion gehören zunächst neben drei ehemaligen Mitschülern (Jacob Koch, 17 Jahre, Bäcker, Ludwig

Honoré Daumier (1808–1879)

Nievergelter, 20 Jahre, Student der Forstwissenschaften, und Hermann Wiener, Student der Theologie, 20 Jahre) auch fünf Handwerker: Mahr, Möser, Müller, Wetzel, Kahlert. Vier von ihnen haben im April 1833 geplant, gleichzeitig mit dem Frankfurter Wachensturm »einen Aufstand unter dem Darmstädter Pöbel« zu entfachen.
Durch spätere Aussagen vor Beamten der Bundes-Zentralbehörde ist bekannt, wie sich die Kaderarbeit in Darmstadt abgespielt hat:

Der Stifter dieser Verbindung, Georg B. ... wird durch Adam Koch* als ein Mann von überwiegendem** Geiste und einer hinreißenden Beredsamkeit geschildert. Er betrachtete eine republikanische Verfassung als die einzige der Würde des Menschen angemessene und stiftete deshalb eine Verbindung, welche mit der Zeit die Herstellung einer Republik herbeiführen sollte (...) Bei der Aufnahme eines neuen Mitgliedes habe B. ohne weitere Förmlichkeiten (...) die Erklärung der Menschenrechte vor [gelesen], angeblich wie sie sich in geschichtlichen Werken über die französische Revolution vorfindet und in 13 oder 14 Artikel abgefaßt, von denen der letzte dahin gelautet habe: »Wer sich der Ausübung dieser Rechte widersetzt, übt einen Zwang aus und jedes Mitglied der Gesellschaft verpflichtet sich, alle seine Kräfte an der Beseitigung dieses Zwanges zu setzen.« Diese Artikel, deren Tendenz auf die Herbeiführung einer völligen Gleichstellung aller gerichtet gewesen sein soll, sieht Adam Koch als die Statuten der Gesellschaft an, erwähnt aber überdies einen von B. selbst verfaßten Aufsatz, in welchem derselbe seine Grundsätze niedergelegt hatte, und welcher als Konstitution der Gesellschaft gelten sollte ...

Am 29. April beginnt in Gießen das Sommersemester.
Vielleicht ist Georg B. auf der Rückreise von Darmstadt nach Gießen in Offenbach gewesen und hat dort zum ersten Mal mit Preller gesprochen. Es ist anzunehmen, daß er seine Schrift nun

---

* der Bruder von Jacob Koch. Er hatte 1833/1834 in Gießen ein Semester Medizin studiert, war dann nach Darmstadt zurückgekehrt und dort Bäcker geworden. Er wurde im September 1834 nach Georgs Rückkehr nach Darmstadt in die dortige Sektion der »Gesellschaft der Menschenrechte« aufgenommen.

** gemeint ist wohl: überragendem

gedruckt und unter das Volk gebracht sehen wollte. Und vielleicht ist es August Becker, den er Ende April in Gießen wiedertrifft, gemeinsam mit Clemm gelungen, ihn davon zu überzeugen, daß es günstig sein werde, eine solche Aktion mit Weidig abzusprechen. Ein Wort von Weidig könnte bewirkt haben, daß letzte Zweifel, die bei Preller noch bestanden, ausgeräumt wurden. Preller hat für Weidig schon mehrere Beschwerdebriefe und illegale Flugschriften hergestellt, ehe er diesen Auftrag übernimmt.
B. hat eine schlecht lesbare Handschrift. Deswegen schreibt August Becker nun das Manuskript der Flugschrift (noch ohne Titel!) ins Reine. Nachdem B. es noch einmal überlesen und selbst schon einige Änderungen angebracht hat, gehen Becker und Clemm damit nach Butzbach zu Weidig. Er ist zu der Zeit, da Becker und Clemm ihm die Flugschrift überbringen, allein. Seine Frau ist krank und befindet sich in Friedberg. Die Kinder sind bei Verwandten untergebracht. Weidigs Reaktion nach der Lektüre schildert August Becker so:

Er konnte der Flugschrift einen gewissen Grad von Beifall nicht versagen und meinte, sie müsse treffliche Dienste tun, wenn sie verändert werde. Dies zu tun, behielt er sie zurück und gab ihr die Gestalt, in welcher sie später im Druck erschien. Sie unterscheidet sich von dem Original namentlich dadurch, daß an die Stellen der »Reichen« die »Vornehmen« gesetzt sind und daß das, was gegen die sogenannte liberale Partei gesagt war, weggelassen und mit anderem, was sich bloß auf die Wirksamkeit der konstitutionellen Verfassung bezieht, ersetzt worden ist.

Becker ist im nachhinein der Meinung, »der Charakter der Schrift sei dadurch noch gehässiger« geworden. Das ursprüngliche Manuskript hätte man allenfalls als eine schwärmerische, mit Beispielen belegte Predigt gegen den Mammon betrachten können, nicht so in der schließlich abgedruckten Fassung. Und weiter:

B. war über die Veränderungen, welche Weidig mit der Schrift vorgenommen, außerordentlich aufgebracht, er wollte sie nicht mehr als die seinige anerkennen und sagte, daß er (Weidig) ihm gerade das, worauf er das meiste Gewicht gelegt habe und wodurch alles andere gleichsam legitimiert werde, durchgestrichen habe.

Was hat Weidig gestrichen?
Darüber sind nur Spekulationen möglich, die aber durch das, was über Georgs Vorstellungen in Erfahrung gebracht werden kann, eine recht solide Basis erhalten.
Thomas Michael Mayer hat wohl recht, wenn er meint: »Es muß ... die Lehre von der Gütergemeinschaft und vom neuen Weltzustand gewesen sein, der gegen Adel und Reiche zugleich durchzusetzen war.«
Abgesehen von diesen Veränderungen kommt Weidig die Schrift sehr gelegen. Er plant nämlich, vom Schuldienst dispensiert, eine große Rundreise zu oppositionellen Gruppen und Geheimgesellschaften im südwestdeutschen Raum. Nach einem Abstecher nach Marburg führt diese Reise über Mannheim, Worms und Mainz nach Wiesbaden, wo es im Haus des fast achtzigjährigen Oberschulrates Christian Wilhelm Snell zu einer Versammlung wichtiger Oppositioneller kommt.
Auf dieser Versammlung wird zur Bewußtseinsbildung der Oberschicht eine Zeitschrift für politische Theorie beschlossen, zur Agitation der Unterschicht hingegen sollen populäre Flugschriften hergestellt werden.
Die Organisationsanweisung sieht getrennte Versammlungen der Älteren und Jüngeren vor. Die Gruppe der Älteren sollte, wohl aus Sicherheitsgründen, keinen direkten Kontakt mit der Gruppe der Jüngeren haben. Diese aber sollten über einen Vertrauensmann von den Beschlüssen der Älteren in Kenntnis gesetzt werden, und offenbar sollten diese Beschlüsse dann auch für die Jüngeren bindend sein.
Schließlich heißt es in dem Schriftstück wörtlich, »da die jüngeren Leute sich mehr opponieren (gemeint ist exponieren) können«, werde man sie zur Verbreitung der revolutionären Flugschriften und zu Botengängen einsetzen. Das Mißtrauen gegen die Jungen und die Vorstellung, diese müßten sich erst einmal ihre Sporen verdienen, ist bei dieser Regelung nicht zu übersehen.
Es könnte aber auch sein, daß die Aufteilung in getrennt

operierende Gruppen nach dem Vorbild der »Volksgesellschaften«, vor allem derer der Neobabouvisten in Frankreich, geschah. Auch dort gab es verschiedene Grade des »Eingeweihtseins«.
Nachdem dieser Beschluß gefaßt und alle Versammelten auf seine Durchführung eingeschworen sind, reist Weidig über Frankfurt, Rödelheim, Friedberg und Nauheim nach Butzbach zurück und geht daran, ihn auch in seinem Einflußbereich konsequent auszuführen.
Für Weidig drängt jetzt die Zeit in mehrfacher Hinsicht. Zum einen ist seine Zwangsversetzung als Pfarrer in das ziemlich abgelegene Ober-Gleen, westlich von Alsfeld, schon ausgesprochen, weiter muß damit gerechnet werden, daß durch erneute Verhaftungen manche seiner verläßlichsten Mitarbeiter ausfallen. Schließlich hört er, daß die »Gesellschaft der Menschenrechte« in Gießen immer mehr Mitglieder gewinnt, und er muß befürchten, daß ihm die Fäden aus der Hand genommen werden. Also lädt er zum 3. Juli die wichtigsten Vertreter der radikalen Opposition aus Hessen-Darmstadt und Kurhessen zur Gründung eines geheimen Pressevereins in den Garten eines beliebten Ausflugslokals an der Ruine Badenburg bei Lollar zwischen Gießen und Marburg ein.
Am Tag zuvor kommt es in Butzbach zu einem Zwischenfall, den Georg B. in einem Brief an seine Familie amüsiert schildert:

A propos, wißt Ihr die hübsche Geschichte vom Herrn Kommissär (...)? Der gute Columbus sollte in X... bei einem Schreiner eine

geheime Presse entdecken. Er besetzt das Haus, dringt ein. »Guter Mann, es ist alles aus, führ Er mich an die Presse.« – Der Mann führt ihn an die Kelter. »Nein, Mann! Die Presse. Die Presse!« – Der Mann versteht ihn nicht, und der Kommissär wagt sich in den Keller. Es ist dunkel. »Ein Licht, Mann!« – »Das müssen Sie kaufen, wenn Sie eins haben wollen.« Aber der Herr Kommissär spart dem Land überflüssige Ausgaben. Er rennt, wie Münchhausen, an einen Balken, er schlägt Feuer aus seinem Nasenbein, das Blut fließt, er achtet nichts und findet nichts. Unser lieber Großherzog wird ihm aus einem Zivilverdienstorden ein Nasenfutteral machen.

Um den 12. Juni sind die Gießener Sektionäre Minnigerode, Nievergelter, Louis Becker und Schütz nach Friedberg, Steinheim und Hanau ausgeschwärmt. In Hanau treffen sie sich mit dem Sohn von Weidigs Nachbarn Braubach, der als Mechanikerlehrling arbeitet, nachdem man ihn von der Universität verwiesen hat. Druck und Vertrieb der von Weidig nun mit dem Titel *Der Hessische Landbote* versehenen Flugschrift scheint zu diesem Zeitpunkt schon beschlossene Sache zu sein. Es geht nur noch darum, sich über letzte Korrekturen und Weidigs Streichungen zu verständigen. Die Reisen der Gießener Sektionäre an den Main haben wohl das Ziel, einen möglichst ungefährlichen Rücktransportweg für das Manuskript zu erkunden und auch den Transport der ausgedruckten Exemplare entsprechend vorzubereiten.
Am 26. Juni wird Weidig wiederum in Sachen »Wachensturm« nach Friedberg vorgeladen und verhört.
Das Treffen auf der Badenburg muß von Weidig wie auch von Georg mit Spannung erwartet worden sein, geht es doch darum, für welches politische Programm sich die Anwesenden entscheiden werden. Ob Weidig oder Georg B. sich durchsetzt – wer unterliegt, wird mit der Gruppe des anderen zusammenarbeiten müssen. Das steht bei den gegebenen Verhältnissen außer Frage, muß aber auf die Verhandlungsatmosphäre noch zusätzlich belastend gewirkt haben.
Noch vor seinem Aufbruch zur Badenburg erfährt Georg, daß der ehemalige Leutnant Friedrich Wilhelm Schulz in das Gefängnis von Babenhausen eingeliefert wurde. Schulz, der 1819 das *Frag- und Antwortbüchlein über allerlei, was im deutschen Vaterland*

besonders Not tut verfaßt hatte, war daraufhin festgenommen und, obwohl am 18. Oktober 1820 »von aller Strafe« freigesprochen, zu seinem Abgang aus dem Heer gedrängt worden. Nach dem Studium in Gießen hatte er sich als Rechtsanwalt in Darmstadt niedergelassen und war nun wegen Abfassung und Verbreitung zweier weiterer Flugschriften von einem Kriegsgericht zu drei Jahren Haft verurteilt worden.

Die zwölfte Geschichte

Er wacht auf und merkt gleich, daß es schon gegen Mittag sein muß: Die Geräusche von draußen. Das Licht im Zimmer. Der Himmel muß wolkenlos sein. Sehr blau. Hitze. Frau Weidig hat recht behalten.

Wie immer, wenn er wach ist, will er gleich aktiv sein. Wenn er manchmal unter Freunden ein Lob auf die Faulheit singt, so geschieht dies eigentlich nur, weil ihn August gelegentlich mit seinem Arbeitseifer neckt und weil er sich in seinem Tätigkeitsdrang so rechtschaffen vorkommt, daß es ihn ärgert. Einen Augenblick genießt er dieses gelbe Licht, das das Zimmer durchflutet, dann steht er auf.

Als er unten in der Küche eintritt und Frau Weidig einen »Guten Morgen« wünscht, sieht er eine andere Frau Geschirr abtrocknen. Sie steht mit dem Rücken zu ihm, wendet dann den Kopf, lächelt und sagt: Darf ich nun wieder Ihren Namen kennen, Herr Büchner?

Es ist Lena.

Sie wendet sich gleich wieder ab und fährt mit ihrer Beschäftigung fort.

Er sagt etwas, aber später wird er sich nicht mehr daran erinnern können, was er geantwortet hat. Vielleicht hat er gesagt: Aber wie kommst du denn hierher, Lena?

Vielleicht aber auch: Ich freue mich, daß du hier bist.

Er weiß es nicht mehr. Er gäbe was drum, wenn es ihm wieder einfiele.

Sie wird morgen mit Schütz nach Frankreich gehen, hört er Frau Weidig sagen.
Werdet ihr heiraten? fragt er zu Lena hin.
Wozu? fragt sie zurück.
Ihr geht in ein fremdes Land, sagt Frau Weidig, reden Sie ihr zu, Georg. Ludwig kann sie trauen, ehe sie reisen.
Ich weiß nicht, sagt er zögernd.
Ach was, sagt Lena. Es bliebe uns ja nicht einmal die Zeit, um vergnüglich Hochzeit zu feiern.
Müssen sie wirklich über die Grenze, steht es so schlimm? fragt Georg.
Jacob findet keine Ruhe. Er fürchtet sich, sagt Lena.
Es hat sich einiges zugetragen, seit Sie Schütz gesehn haben, fügt Frau Weidig hinzu. Gehen Sie hinauf in Ludwigs Studierzimmer. Da sind die anderen. Ich bringe Ihnen Kaffee.
Er bittet um ein Handtuch, um etwas Seife, ein Messer und einen Spiegel. Im Hof gebe es doch einen Brunnen. Er wolle erst Toilette machen.
Die Andeutungen von Frau Weidig beunruhigen ihn nicht allzusehr. Die möglichen Katastrophen, die er sich ausmalt, regen ihn nicht auf, und er ist von seiner Kaltblütigkeit selbst erstaunt. Ganz plötzlich ist ihm zum Lachen.
Ja, denkt er, als er hinausgeht, sich nicht Angst machen lassen, das ist es.
Ein Becken aus rötlichem Sandstein mit moosigen Polstern unter dem Rohr, das vorn einem Löwenmaul nachgebildet ist. Er streift sein Hemd ab, wirft sich mit den Händen Wasser ins Gesicht. Das wiederholt er ein paarmal, bis die Kälte die Schlafwärme weggeätzt hat.
Nicht Frau Weidig kommt, sondern Lena. Sie gibt ihm ein Handtuch, stellt das Rasierzeug auf den Brunnenrand.
Sie geht noch einmal fort. Wieder sieht er sie nur von hinten. Den Rücken, die Hüften, die Beine. Jetzt würde er sie erkennen, wenn er wie vorhin einen Raum beträte und nicht gleich ihr Gesicht sähe. Dann hört er sie sagen: Ich habe dir heißes Wasser gebracht. Vorsichtig gießt sie etwas aus einem Kessel in die Rasierschale.
Danke, sagt er. Bleib doch hier, wenn es dich nicht stört, daß ich

Toilette mache. Erzähl mir die Neuigkeiten. Ich höre die Hiobsbotschaften lieber von dir.
Ich weiß nichts, sagt sie. Sie sagen mir nichts. Ich höre immer nur Andeutungen, die ich nicht verstehe, aber wenn ich frage, werden sie alle stumm.
Das geht doch nicht, sagt er und streicht dabei Seifenschaum in sein Gesicht.
Wovor muß Jacob sich fürchten? Sag es mir. Bitte.
Er sagt ihr mit sechs, sieben Sätzen, was sie wissen muß. Blödsinn, diese Geheimnistuerei, denkt er.
Politik, sagt sie kopfschüttelnd, als er zu Ende ist.
Willst du immer noch mit Jacob über die Grenze gehen?
Ich lasse ihn nicht mehr los, sagt sie und lacht. Weißt du eigentlich, daß du mir immer etwas unheimlich warst?
Ich? Wegen der Störung neulich morgens?
Nein, nein. Schon auf der Mainkur, als wir miteinander tanzten und ich dich zu den anderen reden hörte.
Was war daran unheimlich?
Du bist so sicher.
Er hört auf mit dem Rasieren, dreht sich zu ihr um.
Auf der einen Wange und unter der Nase sitzt noch Seifenschaum.
Ich verrate dir noch ein Geheimnis, sagt er, das ist alles Komödie. In Wirklichkeit bin ich der unsicherste Mensch von der Welt.
Das glaub ich nicht. Bei dir weiß man ja nie, ob es dir ernst ist oder ob du einen Scherz machst.
Und wenn ich es selbst nicht wüßte?
Daß du so leben kannst!
Und wie lebst du?
Zuerst ist sie verwirrt über die Frage. Dann, nach einer Pause, sagt sie: Ich habe immer versucht, ordentlich und vernünftig zu leben, und nun kann ich nicht anders, als etwas ganz und gar Unvernünftiges zu tun. Und es gefällt mir. Wie wird man nur aus sich selbst klug? Das sind so Dinge, die mir durch den Kopf gehen. Man hat doch einen Anspruch darauf, oder? Wenn ich mit Jacob davon spreche, murrt er, ich liebte ihn nicht genug.
Er ist manchmal ein Idiot. Aber reden wir praktisch miteinander. Du wirst Arbeit finden müssen, wenn du über die Grenze bist. Ich

habe Verwandte im Elsaß. Ich werde dir einen Brief an sie mitgeben.
Willst du nicht auch ins Ausland?
Noch nicht. Meine Braut lebt im Elsaß. Vielleicht gehe ich eines Tages zu ihr. Das könnte wohl sein. Aber erst müssen wir Minnigerode herausholen.
Sie schüttelt den Kopf. Er sieht ihr Gesicht im Spiegel neben dem seinen.
Es sieht gar nicht so schlecht damit aus. Wir haben einen guten Plan.
Tut mir leid, sagt sie, aber manchmal kommt ihr mir vor wie kleine Buben, die gern Soldaten spielen wollen oder Räuber und Gendarmes.
Seine Vorliebe für das Schinderhanneslied fällt ihm ein.
Wer weiß, sagt er, vielleicht hast du damit sogar recht. Ich bin nicht versessen auf Abenteuer, aber wenn das Schicksal gerecht wäre, säße ich jetzt mit Minnigerode in Friedberg. Und selbst das wäre mir lieber, als gar nichts zu tun. Siehst du, jetzt habe ich dir ein Geständnis gemacht.

Was am 3. Juli auf der Badenburg geschehen ist, läßt sich rasch erzählen. Außer Georg B., Weidig und Clemm war eine Gruppe von Oppositionellen aus Marburg da: der Arzt Dr. med. Eichelberg, dreißig Jahre alt, der Privatdozent Dr. med. Ferdinand Heß, dreiunddreißig Jahre alt, ein Vetter von Clemm, der Student der Rechtswissenschaften Eberhard von Breidenbach. Vertreter des Handwerkerstandes waren der Hutmacher Georg Kolbe, vierunddreißig Jahre, verheiratet, sechs Kinder, schwer verschuldet, seit Jahren politisch aktiv. Dann noch, aus Gießen, die Hofgerichtsadvokaten Briel und Benedict Rosenberg und der Verleger und Buchhändler Peter Joseph Ricker. August Becker ist nicht mit dabei. Ihn hat Georg später vom Verlauf des Treffens unterrichtet.
Der Versammelten stimmten darin überein, daß man gemeinsam handeln müsse, wenn das politische Wirken Erfolg haben solle. Weidig unterbreitete seinen auf dem Treffen in Wiesbaden

abgesegneten Plan der Theorie-Zeitschrift und der populären Flugschriften.
Georg wendet ein, daß man Gesellschaften gründen müsse. Dann unternimmt er, sekundiert von Clemm, einen erklärenden Vorstoß. Er kritisiert Weidigs Vorstellungen von der bürgerlichen Harmonie zwischen Bürgertum und Unterschicht im Kampf gegen den Aristokratismus. Er zieht die revolutionäre Bereitschaft der Mittelklasse in Zweifel, bezeichnet sie dann gar als Feind der niederen Volksklassen, also der Masse ländlicher und städtischer Plebejer, wie er sich im neobabouvistischen Vokabular ausdrückt. Er wagt sich bis zu der Behauptung vor, daß eine Angleichung der Besitz- und Bildungsunterschiede auf friedlichem Wege, wie sich das Weidig vorstelle, eine Illusion sei.
Die Männer der Marburger Gruppe reagieren verschreckt. Georg schildert sie später August Becker als Kinder, die seit der Französischen Revolution an die Hetzpropaganda glauben, nun solle, wie ehedem in Paris, in jedem Dorf eine Guillotine aufgestellt werden.
Zwei, drei Monate später sehen sich die Marburger sogar veranlaßt, in einem Flugblatt vor solchen Extremisten wie Georg B. zu warnen.

Wenn Euch ferner von unten gesagt wird, reißt alle gesetzlichen Schranken ein und teilet Euch in das Vermögen der Reichen, und man Euch versichert, dies sei *Freiheit* und *Gleichheit;* werdet Ihr es glauben? Gewiß nicht. (...) Die Freiheit besteht ja nicht in der Gesetzlosigkeit, sondern darin, daß unser Eigentum und unsere Person nicht der Willkür preisgegeben sind, sondern nur unter vernünftigen Gesetzen stehen. (...) Die Gleichheit bestehet wieder nicht darin, daß ein jeder gleichviel besitze, gleichviel Vermögen habe. (...) Die vernünftige Gleichheit besteht vielmehr darin, daß ein jeder als Mensch gleiche Achtung vor dem Gesetz genieße.

Eichelberg erklärt: ja, man solle die Bauern mit Flugschriften anstacheln, aber komme es zu einer Revolution von unten, so müsse diese selbstverständlich vom Bürgertum »am Schnürchen« gehalten werden.

Am Nachmittag, als schon alle etwas getrunken haben und Georg es nicht lassen kann, noch einmal seine Konzeption zu verteidigen und für sie zu werben, verfällt der Hutmacher Kolbe vor lauter Begeisterung in eine Art von Veitstanz, hebt den Studenten hoch, trägt ihn ein Stück und ruft: Das hast du recht gesagt! Anders kann es nicht gehen.
Unerschöpflichen Stoff zur Satire habe die Versammlung geboten. Das sind Georgs Worte gegenüber August Becker. Sie gelangen durch diesen in die Protokolle der politischen Polizei und nach fast einhundertfünzig Jahren des Verschüttetseins durch Thomas Michael Mayers unermüdliche Recherchen dann zu uns.
Weidig kann mit dem Ausgang des Treffens zufrieden sein. Beschlossen wird die Gründung des Pressevereins. Beschlossen wird, den *Landboten* zu drucken – in Weidigs Version.
Weil auf jedem Dorf der Unterschied zwischen arm und reich bestehe, ist die Mehrheit der Ansicht, daß das Wort »Reiche« in »Vornehme« geändert werden müsse. Über die noch viel weitergehenden Streichungen, die Georg so in Rage gebracht haben, ist offenbar überhaupt nicht mehr diskutiert worden.
Ein Teilnehmer (Eichelberg) über Georgs Verhalten auf der Badenburg:

B. schien mir die mit aller Vehemenz übersprudelnde jugendliche Kraft, welche sich hier im Zerstören gefiel, während sie sonst ebenso leicht die ganze Welt liebend zu umarmen sucht.

Die dreizehnte Geschichte

Irgendwie wird Georg an die Badenburg erinnert, als er Weidigs Studierstube betritt.
Die wichtigsten Leute der Gießener Sektion der »Gesellschaft der Menschenrechte« drängen sich in dem kleinen Raum. Clemm, den Georg ganz gern mag, den aber Weidig nicht leiden kann, ist da, August Becker, Trapp, Jacob Schütz. Dazu Zeuner, Weidigs Lieblingsschüler. Georg schaut gegen das Licht. Er muß die Augen zusammenkneifen, um ihre Gesichter sehen zu können.

Offenbar haben sie sich über etwas sehr ereifert. Sie wirken aufgeregt, angestachelt. Und doch, denkt er, brave Burschen, aber sich vorzustellen, mit ihnen Könige, eine ganze Gesellschaftsordnung zu stürzen – nein.
Er wird mit Zurufen begrüßt.
Kannst dich gleich freuen.
Das ist mal wieder typisch.
Also, wenn der Presseverein so aussieht: nein danke.
Georg sieht sich nach einem Platz um. Alle Stühle und das Sofa sind besetzt. Trapp sitzt schon neben der Tür auf dem Fußboden. Georg geht zum Fenster, das offen steht, und setzt sich auf das Fensterbrett. So hat er Weidig unmittelbar vor sich. Der sitzt am Schreibtisch. Schütz bewegt sich nervös in einem Schaukelstuhl, der bei jeder Bewegung knarrt.
Georg hat sich vorgenommen, alles zu vermeiden, was zu Reibereien mit Weidig führen könnte. Aber die anderen starren ihn an, als komme er gerade recht, um einen Angriff zu machen.
Was ist eigentlich los hier? fragt er vom Fensterbrett. So schönes Wetter heute.
Die Marburger haben vor, eine Flugschrift herauszubringen, in der die Leute vor unseren radikalen Ansichten in punkto Gleichheit gewarnt werden sollen, erklärt Zeuner.
Wir müssen zurückschlagen, ruft Trapp. Georg, eine Schrift aus deiner Feder würde jetzt große Wirkung tun.
Wieder eine Schrift, denkt Georg, wieder eine Schrift, und sich dann Wochen darum streiten, ob es »Reiche« oder »Vornehme« heißen soll.
Wie erklären Sie sich das alles, Weidig? fragt er leise.
Sie können versichert sein, sagt Weidig, daß ich genauso bestürzt bin wie Ihre Freunde, Büchner. Ich halte es für völlig falsch, ja, für unverantwortlich, sich jetzt in einer ideologischen Fehde aufzureiben. Die Einigkeit aller oppositioneller Kräfte ist nötiger denn je. Genau darum ging es mir auch auf der Badenburg. Ich kann es mir nur so erklären, daß die Marburger Gruppe von der Schärfe Ihrer Äußerungen doch sehr bestürzt gewesen ist.
Mit dem gleichen Recht könnten wir bestürzt sein, ruft Clemm.
Die wunderbare Einigkeit der Revolutionäre, murmelt Georg.

Ach, es ist eh schon alles egal, sagt Schütz. Diesem Land ist nicht zu helfen. Die Fürsten wollen sie stürzen, aber die Glacéhandschuhe dabei nicht ausziehen, und vorher bitte schön eine Versicherung, daß keiner im Gedränge ihren Sparstrümpfen zu nahe tritt. Morgen bin ich über die Grenze.
Ich bin dafür, daß wir vorerst einmal abwarten, ob die Marburger ihre Ankündigung wahrmachen. Wenn ich euch recht verstehe, ist es doch zunächst einmal nicht mehr als ein Gerücht. Wir haben andere Sorgen.
Weiß Gott, sagt Becker, der kopfschüttelnd dagesessen hat. Georg, die Polizei ist in Gießen in deine Wohnung eingebrochen. Sie haben alles durchwühlt, Briefe mitgenommen und den Schrank versiegelt.
Verdammte Kanaille, sagt Georg, mit welcher Legitimation?
August berichtet, daß sie einen Haussuchungsbefehl des Universitätsrichters Georgi bei sich gehabt und Georgs Hauswirt verhört hätten. Wer bei dir verkehre, ob du viele Briefe bekämst, häufig auf Reisen gingst. Bott hat sich so aufgeregt, daß es ihm auf die Galle geschlagen ist. Er legte sich ins Bett. Ein Staatsfeind unter seinem Dach!
Der arme Teufel, sagt Georg.
Ich würde das nicht auf die leichte Schulter nehmen, ruft Clemm, sie fangen an, uns einzukreisen. Die werden uns jagen.
Georg sagt nichts. Wenn er gelächelt hat, dann darüber, daß die Beamten nichts gefunden haben können. Nie bewahrt er etwas in seinem Zimmer auf, was ihm gefährlich werden könnte. Aber gewiß werden sie auch Minnas Briefe mitgenommen haben. Daß er sie, wenn er heimkommt, nicht hervorholen und nachlesen kann, macht ihn wild. Er krampft die Hände zusammen.
Ein Beweis mehr, daß etwas nicht stimmt, wirft Schütz ein. Ich sage euch: jemand hat gesungen. Wer sagt uns, daß es nicht gar die Marburger gewesen sind, die uns ans Messer geliefert haben, während wir die Schmutzarbeit tun durften und den Kopf hinhalten!
August Becker ist aufgesprungen. Das ist eine ungeheuerliche Beschuldigung. Das nimmst du auf der Stelle zurück, Jacob!
Du leidest ja an Verfolgungswahn, schreit Clemm.

Weidig ist auch aufgestanden und hebt beschwörend die Hände. Ich bitte Sie, sagt er, etwas mehr Gelassenheit, meine Herren. Wir sind jetzt wieder an demselben Punkt. Und zu Georg gewandt fügt er hinzu: Das ist nämlich vorhin schon einmal ausführlich erörtert worden.

Aber nicht geklärt, ruft Schütz. Ich bin immer noch ohne schlüssige Erklärung darüber, wie sie wissen konnten, daß Minnigerode mit der Flugschrift auf dem Leib zurückkam.

Jacob, sagt Georg, es kann reiner Zufall gewesen sein. Und was die Haussuchung angeht – es war schließlich in der Stadt bekannt, daß Minnigerode und ich befreundet sind. Da kamen sie, um sich bei mir mal umzusehen. Und dann war ich nicht da. Natürlich wird ihnen das verdächtig erschienen sein. Aber ich habe ein Alibi. Und wir haben ein Alibi für dich. Nun gut, du fürchtest dich. Das wirft dir niemand vor. Du gehst über die Grenze. Aber wenn sie wirklich Genaueres wüßten, wären wir alle längst verhaftet.

Wir sollen wohl weitermachen, als sei überhaupt nichts geschehen?

Nein, sagt Georg, nur nicht durchdrehen. Darauf warten sie doch nur. Es sollte doch nicht so schwer sein, ihnen Sand in die Augen zu streuen.

Bravo, sagt Weidig.

Er sei gestern auf dem Dorf bei Vilbel gewesen, berichtet Georg, bei diesem Elbert. Er ist bereit, uns zu helfen. Er verlangt Geld. Freilich.

Er braucht Geld, er will heiraten, sagt Weidig befriedigt.

Also, sagt Georg zu Jacob gewandt, manchmal siehst du tatsächlich zu schwarz. Hätte ich auf deinen Rat gehört, ich hätte es gar nicht erst versucht. Dann berichtet er von dem Wirt, der ihn für einen Agenten der Frankfurter Zentralbehörde gehalten hat.

Fabelhaft! ruft Becker und schlägt sich auf die Schenkel.

Georg erzählt, daß er mit dem Wirt und Elbert über die Stimmung unter den Bauern gesprochen habe.

Und? fragt Becker gespannt.

Ich fürchte, wir müssen uns eingestehen, daß die Leute wenig beeindruckt sind. Es geht den Bauern offenbar immer noch zu gut. Und dann: die können ein Flugblatt ja gar nicht lesen.

Heiliger Pestalozzi, brüllt Clemm, sollen wir nun etwa Lesestunden abhalten? Das hilft auch nichts. Da hört ihr, was ich euch schon immer gesagt habe: diese Bauern sind Esel und bleiben Esel. Sie bocken mal, aber wenn man sie gehörig prügelt, trotten sie auch wieder weiter.
Ob Büchner daraus den Schluß ziehe, daß die ganze Aktion mit den populären Flugschriften eine Fehlkalkulation sei, fragt Weidig.
Das wolle er damit nicht gesagt haben, antwortet Georg. Und auch nicht, daß die Bauern Dummköpfe seien. Was erwarten wir eigentlich? Doch nicht augenblicklich die Volkserhebung. Wenn ein Bauernbursche die Wahl hat, zu seinem Mädchen zu gehen oder Revolution zu machen, was wird er wohl wählen? Und hat er überhaupt eine Wahl? Die Ausstreuung sei ein Experiment, um Reaktionen kennenzulernen.
Und danach? fragt Becker.
Überall im Land Gruppen, kleine Gruppen. Gruppen, in denen kein Unterschied gemacht wird zwischen den Herren Studierten und den Handwerkern. Gruppen, die Bauern einbeziehen. Er redet sich jetzt in Eifer: Gruppen, die sich für die Revolution vorbereiten. Aber die vor allem die Leute darüber aufklären, daß ein bißchen mehr Erträglichkeit, ein bißchen häufiger Fleisch auf dem Tisch nicht genug sind. Agitatoren, die den Mammon in Verruf bringen … ja, Weidig, es tut mir leid. Ich will keinen Streit mit Ihnen, aber ich muß auf diesem Punkt beharren. Ich weiß, es wird Zeit kosten und es wird Opfer kosten. Aber es gibt meiner Ansicht nach keinen anderen Weg. Man muß Menschen haben, die nicht länger Sklaven ihrer Besitztümer sind, Sklaven der toten Dinge.
Ich merke, sagt Weidig, Sie sind mir wegen der Streichungen immer noch gram.
Nein, sagt Georg, das geschah auf dem Weg, aber jetzt geht es um das Ziel, mein Ziel. Ich weiß, daß es nicht das Ihre ist, und das Ihre ist nicht das meine. Auf dem Weg kann ich Kompromisse schließen, aber ich kann in nichts nachgeben, was das Ziel angeht. Und um dieses Ziels willen werden Sie mich, solange der Weg dauert, brüderlich an Ihrer Seite finden.

Ich danke Ihnen, sagt Weidig, ich habe auf ein solches Wort gewartet. Unsere Meinungsverschiedenheiten dürfen nicht zu Verhärtungen führen. Wir brauchen einander im menschlichen Umgang. Wir brauchen einander als Brüder und Genossen.
Das war ein gutes Wort zwischen euch beiden, sagt Becker, ich finde auch ... wo kommen wir denn hin, wenn wir unseren Feinden den Gefallen tun, uns selbst zu verfeinden? Und jetzt ... sollen wir weiter in den vier Wänden hocken? Draußen ist ein schöner Tag!
Es wird beschlossen, in den Garten zu gehen und dort die Beratung fortzusetzen. Weidig erinnert an die Vorbereitungen für Minnigerodes Befreiung. Als sie die Treppe hinuntersteigen, hören sie jemanden Klavierspielen.
Unten auf dem Flur wartet Weidig auf Georg. Was werden Sie tun?
Ich gehe nach Gießen. Ich muß mich bei Georgi beschweren, daß er unter Mißachtung von nicht weniger als drei Paragraphen in meine Wohnung eingedrungen ist.
Sind Sie sicher, daß das sehr vernünftig ist?
Stellen wir den Hegel auf den Kopf, antwortet Georg, tun wir es, und es wird vernünftig.
Ernsthaft, Büchner.
Gewiß doch. Sie sind uns immer ein gutes Vorbild darin gewesen, wie man gefährlich, beharrlich, aber auch geschickt vorgeht.
Es ist nicht sehr verdienstvoll, junge Männer, die noch ihr ganzes Leben vor sich haben, dazu anzustiften, immer wieder Kopf und Kragen zu riskieren. Manchmal frage ich mich, wie ich damit vor meinen Herrgott werde treten können.
In Theologie bin ich schwach, sagt Georg, aber niemand hier ist ein grüner Junge, der nicht selbst wüßte, was er tut und worauf er sich einläßt.
Wußte es Minnigerode? fragt Weidig nachdenklich. Manchmal meine ich, bis der Leviathan zuschlägt, halten sie wirklich alles nur für ein Spiel.
Ich denke auch viel an Minnigerode, sagt Georg.
Später im Garten steht er mit Schütz zusammen. Er fragt ihn, warum er Lena nichts erzählt habe. Ob er ihr nicht traue, auch bei ihr Verrat befürchte.

Nicht wegen des Verrats, sagt Schütz. Es war nur, um sie auf die Probe zu stellen.
Auf die Probe?
Ein jeder mache so seine Experimente, erwidert Schütz lachend. Er habe sehen wollen, ob sie ihm bedingungslos folge. Es sei ein bedeutsamer Schritt, der gut erwogen sein wolle. Sie ist ein einfaches Mädchen. Eine Magd.
Und wir? sagt Georg erbittert. Ich bin der Sohn eines Baders.
Du übertreibst, sagt Schütz, du nimmst immer alles gleich so grundsätzlich, aber stell dir vor, du brächtest so eine wie Lena mit heim und würdest deinen Eltern erklären, du hättest vor, sie zu heiraten. Es gibt nun mal Unterschiede zwischen den Ständen. Und wir in unserer Generation werden das noch nicht ändern.
Aber du wirst ja Lena nicht heiraten?
Du warst einmal recht heftig in sie verliebt, Georg. Gib es nur zu!
Ja, sagt Georg, und vielleicht bin ich immer noch ein bißchen in sie verliebt. Aber morgen ... morgen seid ihr beide ja auf und davon. Über die Grenze.
Meinst du, all das, was wir versucht haben, hat irgendeinen Sinn gehabt? Sei ehrlich. Mach mir nichts vor.
Ich weiß nicht, sagt Georg, ich kann das nicht für dich entscheiden. Ich weiß wirklich nicht, ob ich sagen kann, es hat einen Sinn gehabt. Bestimmt haben wir viele Fehler gemacht. Nur in einem bin ich mir sicher. Ich weiß, daß es weitergehen wird. Es wird lange dauern. Viel länger, als wir es uns vorgestellt haben. Es wird auch viel schwieriger sein. Aber weitergehen wird es bestimmt. Es wird um sich greifen. Das ist nicht abhängig von uns oder den anderen. Es ist ein Muß, das in der Welt ist.

5. Juli 1834. Zwei Tage nach dem Treffen auf der Badenburg kommen Georg B. und Jacob Schütz am späten Abend nach Butzbach. Sie holen dort das nunmehr satzfertige Manuskript des *Hessischen Landboten* ab und verstauen es in einer Botanisiertrommel. Ihre Weiterreise zu Preller nach Offenbach ist als naturwissenschaftliche Exkursion getarnt. Offiziell jagen die beiden Studenten Schmetterlinge und sammeln seltene Pflanzen.

Von Butzbach aus müssen sie zweimal über eine Landesgrenze, nämlich zunächst auf kurhessisches Territorium, dann von dort wieder auf das Gebiet des Großherzogtums und schließlich noch über den Main. Ihr Weg führt über Steinheim. Dort treffen sie, um sich ein Alibi für mögliche spätere Verhöre zu verschaffen, den dreiundzwanzigjährigen Jura-Studenten Franz August Groß, mit dem sie ein oder zwei Tage verbringen und die Zollstelle der Mainkur sowie ein Vergnügungslokal bei Hanau besuchen. Vielleicht hat Jacob Schütz hier schon auf seiner ersten Reise Lena kennengelernt und sich nun abermals mit ihr zum Tanzen verabredet. Hat auch Georg mit Lena getanzt, ihr schöne Augen gemacht, und hat Jacob sich deshalb besonders angestrengt, das Mädchen für sich zu gewinnen? Er verabredet sich mit ihr für Offenbach, wo er mehrere Tage verbringen wird, um die Verteilung der ausgedruckten Exemplare des *Landboten* zu überwachen.
Belegt ist, daß sich Georg und Jacob anschließend in Offenbach mit dem Kalbsmetzgergesellen Johann Georg Müller, zweiundzwanzig Jahre alt und Mitglied der Darmstädter Sektion der »Gesellschaft der Menschenrechte«, getroffen haben. Einige Tage später ist Georg B. wieder in Gießen. Bei einem Bürgerball im »Buschigen Garten« werden Clemm und er von dem einunddreißigjährigen Hofgerichtsadvokaten Dr. Benedict Rosenberg angesprochen, der ebenfalls an dem Treffen auf der Badenburg teilgenommen hat. Rosenberg ist ängstlich und mahnt, bei der Verteilung der Flugschrift »nur alle Vorsicht« anzuwenden.
Am 28. Juli erhält Georg B. aus Heidelberg einen Brief seines Straßburger Studienfreundes Eugen Boeckel, in dem dieser ihm am 30. Juli ein Treffen in Frankfurt vorschlägt. Georg hat in einem zu diesem Zeitpunkt bereits abgesandten Brief Boeckel mitgeteilt, ihm würde ein Treffen am Sonntag, den 3. August besser passen.
Am 29. Juli erreicht die Mitglieder der Gießener Sektion der »Gesellschaft der Menschenrechte« die Nachricht von Weidig, die Exemplare des *Landboten* seien nun in Offenbach ausgedruckt und lägen zur Abholung und Verteilung bereit. Darauf geht Minnigerode zunächst nach Butzbach und zusammen mit Zeuner

in der Nacht zum 31. nach Offenbach. Von dort schaffen Schütz und Minnigerode mehrere Pakete über den Main nach Enkheim, wo Zeuner gewartet hat. Ab Niederwöllstadt trennen sich die Wege dieser beiden Boten. Während Minnigerode einen Einspänner nach Gießen mietet, liefert Zeuner sein Paket wohlbehalten bei dem Gehilfen des Apothekers Trapp in Friedberg ab.
Keiner der Beteiligten weiß zu diesem Zeitpunkt, daß sie von Kuhl verraten wurden. Johann Konrad Kuhl ist ein Jugendfreund Weidigs aus Butzbach, der lange Jahre zu der oppositionellen Gruppe um den Rektor von Butzbach gehört hat. Ende der zwanziger Jahre bricht Weidig mit ihm, weil Kuhl auf ihn unzuverlässig wirkt und leichtsinnig sein Vermögen verschleudert. 1832 söhnen sich die beiden Männer wieder aus. Es scheint aber, daß der Bruch zwischen den beiden Jugendfreunden nie ganz geheilt ist. Immerhin ist Kuhl auch weiterhin über die wichtigsten Aktivitäten der Oppositionellen um Weidig unterrichtet. Im März 1833 beschließt Kuhl, sein Wissen um diese staatsgefährdenden Umtriebe zu Geld zu machen. Er läßt bei dem Darmstädter Hofgerichtsrat von Stein durchblicken, er könne mit wichtigen Informationen dienen. Steins erste Reaktion ist, ihn angewidert hinauszuwerfen. Doch dann entschließt er sich, Minister Du Thil von dem Vorfall Meldung zu machen. Der ist bereit, Kuhl als Spitzel anzustellen. Durch geschicktes Taktieren gelingt es dem Verräter, die Behörden immer wieder zu Zahlungen an ihn zu veranlassen, und zusätzlich fordert er eine vom Großherzog selbst ausgestellte Urkunde, die besagt, es werde ihm nichts geschehen, »wenn er wirklich Tatsachen angeben will, die zu einem soliden Abwenden der Gefahr dienen.«
Fürsten und Minister aber versuchen ihrerseits, den Spitzel hereinzulegen. Eine erste Urkunde sichert Kuhl lediglich »Ungestraftheit« zu, was seine Einbeziehung in eine Untersuchung juristisch möglich machen würde. Außerdem fehlt auf dieser Urkunde der Name Kuhls. Dieser setzt die Ausstellung einer zweiten Urkunde durch, in der sein Name enthalten ist. Erst jetzt gibt Kuhl den Behörden die Planung des »Frankfurter Wachensturms« preis. Die Rädelsführer der Bewegung nennt er wiederum erst nach erneuter Zahlung. Die Denunziation Kuhls in Sachen

Hessischer Landbote führt dazu, daß Hofgerichtsrat und Universitätsrichter Konrad Georgi am 1. August gegen zwei Uhr nachts davon unterrichtet ist, daß in Kürze Minnigerode eine Sendung der *Landboten*-Drucke in die Stadt bringen wird.

Die vierzehnte Geschichte

Das Büro eines Beamten der obersten Besoldungsstufe. Ich behaupte nicht Biedermeier, Directoire oder Stahlrohr. Aber falls jemand einen Anstoß für seine Phantasie braucht, erwähne ich, daß es einen Safe und zwei Bilder gegeben haben könnte. Das eine ist ein Porträt des Landesvaters, das andere eine Landschaft in Öl. Auf alle Fälle sollte der Raum einen etwas privaten Eindruck machen, aber auch Autorität ausstrahlen. Die Autoritätsperson allerdings wirkt etwas abgewrackt.
Universitätsrichter Georgi hat ein Stadium des Alkoholismus erreicht, in dem er es schon nicht mehr unterlassen kann, auch im Dienst hin und wieder einen Schluck zu nehmen. Er verwahrt dazu eine Hüftflasche mit silbernem Becher in seinem Schreibtisch.
Vielleicht hänge ich doch auch noch ein Paar schwere Säbel gekreuzt an der Wand auf und ein großes Hirschgeweih. Fest steht, daß Georgi in seiner Studentenzeit Mitglied einer Burschenschaft gewesen ist. Er hat einen Schmiß davongetragen.
1834 ist er fünfunddreißig Jahre alt. Auf den Schmiß ist er nun alles andere als stolz. Keine Schmucknarbe. Vielmehr muß er befürchten, daß der Schmiß jemanden an seine Jugendsünden erinnert*. Dabei ist er doch inzwischen innerlich völlig gewandelt.
Als Georg B. eintritt, bietet ihm Georgi keinen Platz an. Was gibt's denn, junger Mann?
Wie er gehört habe, beginnt Georg wohlgesetzt (oder ist das

* 1815 war die Jenaische Burschenschaft (Ur-Burschenschaft, Farben Schwarz-Rot-Gold) gegründet worden, die alle deutschen Studenten als Vorbild für die angestrebte liberal-nationale politische Einigung Deutschland zusammenfassen wollte. Sie wurden nach der Ermordung August von Kotzebues durch den Studenten Karl Ludwig Sand im August 1819 verboten. In Burschenschaften und Verbindungen, die aus ihnen hervorgingen, war die Mensur üblich. Insofern sind die »Schmisse« Georgis ein Kennzeichen dafür, daß er als junger Mann liberale Ansichten gehabt hatte.

höhnisch?), habe der Herr Hofrat ihm seine Aufwartung machen wollen.
Ganz recht, ganz recht, sagt Georgi.
Wie … ganz recht? braust Georg auf. Er müsse dann wohl deutlicher werden. Da wende man auf vier Tage der Stadt den Rücken, nicht zuletzt, weil es einem nach soviel Büffeln nach frischer Luft verlangt habe, kehre arglos heim und finde seine Stube durchwühlt, den einzigen Schrank darin sogar versiegelt, so daß man nicht einmal seine Kleider wechseln könne.
Aber, mein Lieber, beschwichtigt Georgi mit einer rudernden Armbewegung. Die ganze Art von Georgs Auftreten irritiert ihn. Woher nimmt dieser Student den Mut für ein solches Benehmen? Leitet sich das her von den Beziehungen seines Vaters, des Medizinalrats, zum Hofe?
Wären Sie hier gewesen, der gewiß auch für uns peinliche Aufwand hätte unterbleiben können. Wo haben Sie denn nur gesteckt? fragt Georgi poltrig-forsch und freut sich, daß er diesen Ton getroffen hat. Er spürt, wie er wieder festen Boden unter die Füße bekommt.
Er sei in Frankfurt gewesen. Zu einem Treffen mit einem Studienfreund. Aber das wissen Sie doch längst, Herr Universitätsrichter.
Wir werden Ihre Angaben überprüfen.
Jetzt noch? Ich will mich nicht in Ihre Amtsführung einmischen, aber das müßte doch bereits geklärt sein. Oder werden Sie von Ihren Mitarbeitern nicht informiert?
Wie habe ich das zu verstehen?
Nun, unter den beschlagnahmten Papieren befinde sich auch der Brief seines Freundes Boeckel, in welchem dieser ihn aufgefordert habe, zu jenem Treffen nach Frankfurt zu kommen.
Georgi murmelt etwas Unverständliches. Es habe sich da ein Verdacht ergeben, fährt er dann fort. Wie Georg wohl auch gehört haben werde, sei einer seiner Kommilitonen gerade am Tag seines Aufbruchs nach Frankfurt verhaftet worden. Und der sei, wie mir meine Leute glaubhaft versicherten, ein enger Freund des Herrn Studiosus.
Das hat seine Richtigkeit, antwortet Georg und legt Empörung in

die Stimme, aber er sei davon überzeugt, daß Minnigerodes Unschuld sich sehr bald herausstellen werde, in welchem Falle die Polizei wohl mit einem Tadel oder gar mit einer Maßreglung aus der Landeshauptstadt werde rechnen müssen. Aber das gehe ihn nichts an oder doch jedenfalls nur insofern, als man sich wegen der Haussuchung bei ihm nun mit der Verhaftung Minnigerodes herausrede. Der Herr Hofrat werde von ihm als Mediziner nicht erwarten, daß er die entsprechenden Paragraphen hersage, soviel aber wisse er immerhin: Nur in Fällen sehr dringenden Verdachts dürfe bei einem unbescholtenen Menschen eine Haussuchung vorgenommen werden. Und so schwer könne doch wohl das Verdachtsmoment gegen ihn nicht gewesen sein. Bei soviel Übereifer hätte man es sonst gewiß nicht versäumt, ihn schon in Frankfurt, bei Überschreiten der Landesgrenze oder am Stadttor ebenfalls zu verhaften.
Georgi krümmt sich zusammen. Wenn er sich zurücklehnt, sieht er den Silberbecher blinken.
Der Herr Hofrat möge ihn korrigieren, wenn er sich täusche, redet Georg unbeirrt weiter, aber im Fall der Haussuchung lägen seines Erachtens gleich drei gravierende Verletzungen gültiger Gesetze vor. Er zählt sie an den Fingern vor: Die Haussuchung habe ohne Urkundenperson stattgefunden, ohne dringenden Verdacht und schließlich ohne vorangehende Vorladung zu einem Verhör zur Sache. Er müsse darum sehr entschieden auf eine sofortige Entfernung des Siegels, auf Rückgabe der beschlagnahmten Briefe und später auf eine schriftliche Entschuldigung dringen.
Der Universitätsrichter macht eine hastige Bewegung. Jetzt spielt er seine Trumpfkarte aus, denkt Georg. Er hat etwas. Er muß etwas haben. Was kann es nur sein? Aber die Hand Georgis zaubert nur einen winzigen Becher hervor, den der Mann blitzschnell zum Mund führt und austrinkt. Verzeihung, sagt er dann, eine plötzliche Schwäche, wie sie mich manchmal überkommt. Ich bin dann gehalten, dieses Mittel rasch einzunehmen.
Dieses Mittel, wiederholt Georg mit unverschämter Betonung, was hat man Ihnen verschrieben?
Lassen Sie, lassen Sie, wehrt der Universitätsrichter ab, ich will Sie damit nicht belästigen. Das gehört nicht hierher.

Wie Sie meinen.
Also, sagt Georgi jovial und richtet sich in seinem Stuhl auf, das Siegel lassen wir gleich wegmachen. Was aber die Briefe angeht, so muß ich Sie schon noch ein wenig um Geduld bitten. Manche davon sind in französisch gehalten. Wir haben einen Sachverständigen bestellt. Eine reine Formsache. Aber bis er sie sich angesehen hat, müssen Sie sie uns schon lassen.
Es handelt sich um Briefe meiner Braut.
Seien Sie versichert, sagt Georgi genießerisch, unser Mann ist diskret. Wir tun unsere Pflicht. Es muß sein. Leider. Ich kann da keine Ausnahme zulassen. Angesichts der wachsenden Zahl staatsgefährdender Delikte …
Er macht eine Pause und beugt sich dann über die Schreibtischplatte vor: Im Vertrauen gesagt, der Fehler liegt oben, an höchster Stelle.
Was für ein Fehler? fragt Georg in gereiztem Ton.
Es sind Anschuldigungen gegen Sie erhoben worden, die sich als falsch erwiesen haben.
Und dann ruft Georgi einen Gerichtsdiener, der Georg B. begleiten und die Siegel abnehmen soll.

Später …
Später hat ihn der Vater heimgeholt von der Universität. Später hat Georg nicht aufgehört, in Darmstadt den Widerstand zu organisieren.
Sie haben Schießübungen abgehalten. Sie haben versucht, das Geld zum Ankauf einer eigenen Druckpresse zusammenzubekommen. Sie haben Pläne geschmiedet, wie man Minnigerode aus dem Gefängnis befreien könnte. Wieder sind Handwerker dabeigewesen, nicht nur Intellektuelle. Sie haben sich im Gartenhaus des Schmiedes Wetzel am Großen Woog getroffen.
Später hat Georg heimlich auf Bögen, die sich, wenn der Vater ins Zimmer trat, rasch unter dem Anatomieatlas verstecken ließen, dieses Theaterstück aus den Tagen der Großen Revolution gekritzelt.
Danton gegen Robespierre.

Es fällt mir nicht mehr ein,
vor den Paradegäulen und Eckstehern der Geschichte
mich zu bücken ...

Zwei große Männer, die sich gegenseitig entlarven. Der Moralist klagt den Retter der Revolution an, in Genußsucht zu verbürgerlichen. Der Genußmensch entlarvt den moralischen Rigoristen als Lügner.
Später ist Georg der Boden unter den Füßen immer heißer geworden.
Später hat er vielleicht noch einmal in Darmstadt Charlotte gesehen.

O sister when I come to knock on your door,
you shouldn't treat me like a stranger.

Später hat er vielleicht ein-, zweimal noch mit ihr geschlafen.
Später ist Georg nach Straßburg geflohen.
Später hat er fleißig studiert. Er hat promoviert, sich habilitiert. Er hat sich an einem literarischen Preisausschreiben beteiligt, bei dem man 300 Gulden gewinnen konnte. Später ist er von Straßburg nach Zürich gegangen.
Zu Weihnachten 1836 hat sich der Vater, der nach der Flucht Georgs seinem Sohn nie geschrieben hatte, mit ihm auszusöhnen versucht. Er schreibt ihm nach Zürich:

Meine Besorgnis um Dein künftiges Wohl war bisher noch zu groß, und mein Gemüt war noch zu tief erschüttert durch die Unannehmlichkeiten alle, welche Du uns durch Dein unvorsichtiges Verhalten bereitet und gar viele trübe Stunden verursacht hast, als daß ich mich hätte entschließen können, in herzliche Relation mit Dir zu treten; wobei ich jedoch nicht ermangelt habe, Dir pünktlich die nötigen Geldmittel, bis zu der Dir bekannten Summe, welche ich zu Deiner Ausbildung für hinreichend erachtete, zufließen zu lassen. – Nachdem Du nun aber mir den Beweis geliefert, daß Du diese Mittel nicht mutwillig oder leichtsinnig vergeudet, sondern wirklich zu Deinem wahren Besten angewendet und ein gewisses Ziel erreicht hast, von welchem Standpunkte aus Du weiter vorwärtsschreiten wirst, und ich mit Dir über Dein ferneres Gedeihen der Zukunft beruhigt entgegensehen darf, sollst Du sogleich wieder den gütigen und besorgten Vater um das Glück seiner Kinder in mir erkennen. Um Dir hiervon sogleich einen Beweis zu geben, habe ich Deinem Wunsche, ›v. Frorieps Notizen*‹ von mir zu erhalten, alsbald entsprochen, welche längstens bis zum 21. d.M. per Kiste und ganz franco bei Dir eintreffen werden.

Anfang 1837 ist Georg in Zürich an Typhus erkrankt. Im Delirium ist er den Zorn auf die Schinder und Folterer in Deutschland nicht losgeworden. Ein Freund, der an seinem Krankenbett gesessen hat, berichtet:

Wie vor seiner Krankheit, so sprach er auch jetzt in bitteren, aber wahren Worten, die im Mund eines Sterbenden ein doppeltes Gewicht haben, über jene Schmach unserer Tage sich aus, über die verwerfliche Behandlung der politischen Schlachtopfer, die nach gesetzlichen Formen und mit dem Anschein der Milde in jahrelanger Untersuchungshaft gehalten werden, bis ihr Geist zum Wahnsinn getrieben und ihr Körper zu Tode gequält ist!

Am 27. November 1834 wird Carl Zeuner in Butzbach verhaftet. Der Plan, Minnigerode durch Bestechung der Wachmannschaften aus dem Gefängnis zu befreien, muß wegen des schlechten physischen und psychischen Zustandes des Gefangenen aufgegeben werden.
Um die Jahreswende 1834/1835 mietet sich Gustav Clemm in Gießen bei einer Frau von Grolmann ein. Er verliebt sich in deren Tochter, spekuliert auf eine Eheschließung mit dem Mädchen und auf eine Karriere im Großherzoglichen Forstdienst. Angesichts eines solchen Lebensplanes beschließt er, der ehemalige »Linksradikale« aus der Gießener Sektion der »Gesellschaft der Menschenrechte«, sich von seinen revolutionär gesinnten Freunden zu trennen.
Von nun an denunziert er sie.

* Ein vielbändiges Werk der medizinischen Fachliteratur.

Er versucht, sich den Behörden für die Rolle des Kronzeugen anzudienen, um so für eigene »Jugendsünden« mildernde Umstände oder gar Straffreiheit herauszuschlagen.
Im Januar 1835 wird Georg in Offenbach und dann noch einmal in Friedberg verhört.
Am 4. Februar wird der Buchhändler und Buchdrucker Carl Preller zu einem Verhör bestellt.
Am 27. Februar 1835 lädt man Georg zu einer Zeugenaussage ins Darmstädter Arresthaus. An seiner Stelle geht sein Bruder Wilhelm, um herauszufinden, ob die Absicht besteht, den Geladenen in Haft zu nehmen. Tagelang lehnt an der Hinterfront des Büchnerschen Hauses in der Grafenstraße eine Leiter, damit Georg im Notfall vor den Häschern in andere Gärten und von dort aus der Stadt flüchten kann.
Am 7. oder 8. März flieht Georg vor der immer wahrscheinlicher werdenden Verhaftung aus Darmstadt. Am 9. März überschreitet er ohne Paß die Rheinbrücke und die Grenze nach Frankreich und schreibt an seine Eltern aus Weißenburg.
Ende März unternimmt Clemm eine Reise nach Frankfurt und Darmstadt und sucht in der Hauptstadt des Großherzogtums den persönlichen Referenten des Staatsministers Du Thil, den Staatsrat Knapp, auf. Weidig ist in diesen Tagen in Hanau. Eventuell will er von dort in die Schweiz fliehen, doch dann kehrt er, offenbar beruhigt, wieder zu seiner Familie nach Oberhessen zurück.
Am 6. April 1835 geht August Becker nach Marburg, um dort Exemplare einer illegalen politischen Flugschrift abzuholen. Der Druck hat sich verzögert. Ohne die Schriften trifft er wieder in Gießen ein und wird dort verhaftet. Der entscheidende Wink an die Behörden ist von Clemm gekommen.
Am 7. April 1835 ab 6.45 Uhr finden in Marburg Haussuchungen statt. Manuskripte werden beschlagnahmt, Verdächtige vorerst festgenommen. Am 21. April legt Clemm vor einem Untersuchungsrichter ein ausführliches Geständnis ab. Dabei belastet er vor allem Georg B., Weidig und August Becker schwer. Am 22. April verhaftet man Weidig in dem kleinen oberhessischen Dorf Ober-Gleen, wohin er aus Butzbach strafversetzt worden ist. Um die Dorfbewohner nicht zu wecken und zum Widerstand zu

Auszug aus einem späteren Verhörprotokoll

Copia.

Zur Anl: 56
Fortgesetzt Friedberg am 22ten Mai 1835
Nachmittags

Praesentes.
Gr[oßherzogl.] Hofgerichts-Rath Georgi
Gr. H[of]G[erichts]S[ecretariats]Accessist
Gravelius

Die Verbreitung revolutionärer Druckschriften betr.

Ließ man den verhafteten Gustav Clemm auf sein Verlangen vortreten und eröffnete derselbe auf Befragen nach seinem Begehr Folgendes.

Ich bin in einem der vorderen Verhöre über die Reise des Schütz, des Minnigerode und des Zeuner von Butzbach nach Offenbach, um den Landboten abzuholen, befragt worden und habe Einiges anzugeben vergessen, was ich von Wichtigkeit halte, ich will es deshalb jetzt noch nachtragen. Pfarrer Weidig hat mir darüber selbst gesprochen, ebenso auch mit Büchner, als wir bei ihm in Butzbach waren, daß es sein Plan gewesen wäre, den schon verhafteten Minnigerode zu bestimmen, auszusagen, er sei bei jener Reise mit Schütz nicht in seinem, Weidigs, Hause gewesen, sondern die Nacht in freiem Felde geblieben. Er habe in diesem Sinne auch an Minnigerode geschrieben, aber von ihm die Antwort erhalten, daß er so nicht aussagen könne …

alarmieren, haben die Polizisten die Hufe der Pferde, die sie reiten, mit Tüchern umwickelt.
In der Antrittspredigt, die Ludwig Weidig am 7. September 1834 in Ober-Gleen hielt, hatte er »andächtigen Zuhörern« erklärt, »was er im evangelischen Predigeramt von dieser Gemeinde und was diese Gemeinde von ihm zu fordern berechtigt sei«:

Es bleibt dem Reichen nicht Überfluß und Glanz gesichert; schon im Laufe dieses kurzen Lebens verwandelt sich oft Überfluß in Mangel und Glanz in Dunkelheit. Es bleibt dem Gewaltigen nicht Gewalt und Ruhm gesichert; oft wird sein Ruhm in Schande, seine Gewalt in Ohnmacht verwandelt. Es bleibt dem Dürftigen und Bedrückten nicht Elend und Not für immer; schon im Laufe dieses kurzen Lebens wird oft das Joch der Gedrückten zerbrochen und Schmerz in Freude verwandelt.
Glauben wir an Christus und sein heiliges Evangelium, das er den Armen predigte, (...) so laßt uns das Evangelium bekennen durch unser Tun und Lassen, so laßt uns die, welche gering und arm sind und niedrig, mit zwiefacher Sorge und Liebe betrachten und behandeln (...)
Glauben wir an Christus, der da Unrecht und Heuchelei der Mächtigen seiner Zeit bekämpfte und sich der Hilflosen und Rechtlosen erbarmte, so sollen wir auch einen guten Kampf gegen Falschheit kämpfen, und das Unrecht, das wir nicht hindern können, mindestens nicht billigen. (...)
Glauben wir an den allmächtigen Schöpfer des Himmels und der Erde (...), so laßt uns recht tun und niemand scheuen. Der Wahrhaftige redet und verbreitet die Wahrheit, weil er weiß, daß durch die Wahrheit er selbst und seine Mitmenschen besser und glücklicher, geistig stärker und freier werden. (...)
Es ist bekannt genug im Lande, daß ich peinlich angeklagt war, und zwar des Hochverrats, weil ich, angeblich, die Verfassung eines fernen Landes, die Verfassung von Nordamerika, in unserem deutschen Vaterland habe einführen wollen; es ist bekannt genug im Land, daß ich deshalb mehrere Monate gefangen gehalten wurde, und ich muß wünschen, daß ich hier, als evangelischer Lehrer, nicht mit dem Vorurteil und dem Mißtrauen aufgenommen werde, als sei ich um Missetat willen angeklagt und gefangen gehalten worden (...), denn ich schäme mich meines Gefängnisses

nicht, gleichwie – um Kleines mit Großem zu vergleichen – auch der Apostel Paulus sich seiner Bande nicht schämte. (...)
Fürwahr, ich trete nicht ungern in dieses Ort und Amt, und das wäre meines Herzens eifrigster Wunsch und meiner Wünsche froheste Erfüllung, wenn diese christliche Gemeinde früher oder später spräche: »Wenn uns, nach der an manchen Orten bräuchlichen Freiheit, die Wahl uns'res Predigers freistände, wir würden keinen anderen gewählt haben als den, der uns als evangelischer Prediger gesandt wurde.« (...)

Am 22. Mai 1835 schreibt Clemm eine Eingabe an den Großherzog. Es ist in dem Schriftsatz von einer »gefährlichen Partei« die Rede, die er durch seine Anzeige für immer unschädlich machen wolle. Diese Partei habe danach getrachtet, »Moral, Religion, Recht, ja selbst die Möglichkeit des Staates überhaupt, aufzuheben. Die Revolution (...) sollte eröffnet werden mit einem Krieg gegen die Reichen. Alles Vermögen ist Gemeingut, wurde dociert.«
Am 16. Juni erscheint im *Frankfurt Journal* ein Steckbrief gegen Georg B. mit Personalbeschreibung.
Es beginnen nun Prozesse gegen insgesamt dreißig Angeklagte aus den Reihen der politischen Opposition, die sich bis in den Dezember 1838 hinziehen. Insgesamt werden schließlich vom Gericht 116 Jahre und zwei Monate Zuchthaus sowie kleinere Gefängnis- und Festungsstrafen verhängt. Die höchste Strafe erhält Gustav Clemm mit zehn Jahren Zuchthaus. Es folgen August Becker und Carl Zeuner mit jeweils neun Jahren.
Kurz nach dem Urteil, am 7. Januar 1839, erläßt die Regierung eine Amnestie für die Verurteilten. Soweit sie allerdings vor ihrer Verhaftung Beamte gewesen sind, werden sie nicht weiter im Staatsdienst beschäftigt. Durch ständige Schikanen treibt man die meisten zur Auswanderung.
Becker geht zunächst in die Schweiz, dann später, 1852, nach Amerika, wo er sich als Zirkusakrobat, Journalist und Feldprediger durchschlägt und schließlich 1871 in Cincinnati stirbt.
Carl Minnigerode ist, körperlich und seelisch völlig gebrochen, schon im Mai 1837 aus der Haft entlassen worden. Auch er ist

2493. Steckbrief.

Der hierunter signalisirte Georg Büchner, Student der Medizin aus Darmstadt, hat sich der gerichtlichen Untersuchun- seiner indicirten Theilnahme an staatsverrätherischen Handlungen durch die Entfernung aus dem Vaterlande entzogen. Man ersucht deßhalb die öffentlichen Behörden des In- und Auslandes, denselben im Betretungsfalle festnehmen und wohlverwahrt an die unterzeichnete Stelle abliefern zu lassen.

Darmstadt, den 13. Juni 1835.

Der von Großh. Hess. Hofgericht der Provinz Oberhessen bestellte Untersuchungs-Richter, Hofgerichtsrath

Georgi.

Personal-Beschreibung.

Alter: 21 Jahre,
Größe: 6 Schuh, 9 Zoll neuen Hessischen Maases,
Haare: blond,
Stirne: sehr gewölbt,
Augenbraunen: blond,
Augen: grau,
Nase: stark,
Mund: klein,
Bart: blond,
Kinn: rund,
Angesicht: oval,
Gesichtsfarbe: frisch,
Statur: kräftig, schlank,
Besondere Kennzeichen: Kurzsichtigkeit.

nach Amerika ausgewandert. Er wird dort Universitätsdozent und Pfarrer einer Episkopalkirche.
Der Buchdrucker und Buchhändler Carl Preller ist von einem anderen Spitzel denunziert und von der Polizei mehrfach verhört worden. In Offenbach hat er für seine Druckerei keine Aufträge mehr bekommen können und Konkurs anmelden müssen. Der Verhaftung entgeht er durch Flucht in die Schweiz, wo er zunächst in Bern, später in Zürich lebt. Er bleibt für Jahre im Exil.
Untersuchungsrichter Georgi konzentriert unterdessen seine Versuche, die juristisch immer noch nicht hieb- und stichfest nachgewiesene Verschwörung völlig aufzuklären, auf Weidig. Der leistet erstaunlich unbeirrbar Widerstand.

Verhör vom 26. Juli 1836
Vorhalt des Verhörenden (Georgi):
Soll ich die Jugend, die Sie berufen waren, auf den Weg des Gesetzes zu leiten, mit der furchtbaren Anklage vor Sie treten lassen, daß Sie ihr Verführer seien, und daß Sie sie zu Verbrechern gemacht hätten? Ersparen Sie sich diese Beschämung und wenden Sie sich endlich auf den Weg der Wahrheit.
Antwort Weidigs:
Ich weiß von keinem Netze, das ich irgend jemand gestellt hätte. Meine Schüler haben sich, im ganzen genommen, durch ihre Sittlichkeit ausgezeichnet und namentlich von allen denjenigen, die ich auch in späteren Jahren unterrichtet und für die Universität vorbereitet habe, hat nicht ein einziger auf der Universität einen Anstoß gegeben. Dies spricht für mich, sowie mir mein Gewissen bezeugt, daß ich die Aufwallungen der Jugend nur gemäßigt habe. Ich muß darum und kann mit getrostem Mut den Beweis fordern, daß ich irgend jemand zum politischen Verbrecher gemacht habe, sowie ich ja schon selbst den Wunsch ausgesprochen, daß diejenigen, welche gegen mich ausgesagt, mir entgegengestellt werden möchten. (...)

Georgi läßt Weidig schlagen, läßt ihn in Ketten schließen. Weidig kann sich nur noch durch Eingaben an das Hofgericht wehren. Er befindet sich nun im Arresthaus in Darmstadt. Das Gericht untersagt Georgi, den Gefangenen zu mißhandeln. Georgi erhebt gegen dieses Verbot Einspruch. Die nächsthöhere Instanz, die sich mit der Angelegenheit befaßt, erteilt dem Untersuchungsrichter eine scharfe Rüge.

Bis Anfang 1837 bleibt Weidig Schikanen und Folterungen ausgesetzt. Sein Gesundheitszustand verschlechtert sich derart, daß es fraglich scheint, ob man überhaupt ein öffentliches Verfahren gegen ihn wird durchführen können. Er hat Halluzinationen, leidet unter starken Schmerzen.

Am 23. Februar 1837 kommt der Gefängniswärter Preuninger in die Arrestzelle. Weidig liegt blutüberströmt mit gefalteten Händen auf dem Bett, neben sich eine mit Blut befleckte Glasscherbe. An der Wand steht mit Blut geschrieben:

»... da mir der Feind jede Verteidigung versagt, so nahm ich einen schimpflichen Tod ... freies Sterben. F. L. W.«

Preuninger gibt später zu Protokoll, der Häftling habe mit durchgeschnittenen Pulsadern dagelegen, sei aber noch am Leben gewesen. Einen Arzt habe er nicht herbeigeholt, wohl aber den Untersuchungsrichter verständigt.

Ein Arzt kommt erst mehrere Stunden später.

Da ist Weidig schon tot.

Dem Arzt fällt eine Wunde am Hals auf, die am Morgen (angeblich) nicht bemerkt worden ist. Bei der Obduktion des Toten werden Wunden am Oberschenkel gefunden, zudem ältere, nicht ausgeheilte Verletzungen, deren Ursprung offiziell nie geklärt werden kann. In der Öffentlichkeit werden Anschuldigungen gegen den Untersuchungsrichter Georgi laut. Man spricht von unterlassener Hilfeleistung, von Körperverletzung mit Todesfolge, ja sogar von Mord. In einem der amtlichen Gutachten heißt es:

Was soll, was darf, was muß man denken, wenn man hört, daß um halb acht Uhr morgens ein Mensch in seinem Blute liegend, aber lebend gefunden wurde, hier in Darmstadt, wo eine Legion von Ärzten und Wundärzten sich befindet, und noch dazu ganz in der Nähe des Militärlazaretts, in welchem jedenfalls und zwar sogar verpflichtete, vom Staat angestellte Ärzte auf der Stelle zu finden gewesen wären, und daß erst $2^1/_2$ Stunden später wirklich ärztliche

Hülfe herbeigeschafft wurde, als es zu spät war, irgend ein Rettungsmittel anzuwenden? Und wie auffallend ist es, daß, als nun endlich die Ärzte erschienen waren, noch eine weitere Viertelstunde verstrichen lassen wurde, ehe man sie zu dem Vulneraten (Verletzten) führte, anstatt auch nicht einen Moment zu verlieren.

Am 16. Juli 1835 hat Georg in einem Brief an die Eltern geschrieben:

...ein Todesurteil, ein Schaffot, was ist das? Man stirbt für seine Sache. Aber so im Gefängnis auf eine langsame Art aufgerieben zu werden. Das ist entsetzlich!

Im Herbst 1835 beklagt sich der nach dem Wachensturm von der Universität relegierte und als Mechanikerlehrling tätige Wilhelm Braubach, der in die Pläne zur Herstellung und Verteilung des *Hessischen Landboten* eingeweiht gewesen ist und inzwischen in Straßburg lebt, in einem Brief an einen anderen »Wachenstürmer«, Eduard Scriba, nach Lausanne »über die Spaltung und Untätigkeit vieler Flüchtlinge.«
Scriba antwortet: unter den zerstrittenen Flüchtlingen werde

eine andere Klasse von Deutschen auftreten und diese werden den Ausschlag im großen Kampf einst geben. Das sind die Handwerker, unverdorben durch die Luft der Höfe, welche die Söhne der Staatsdiener von Jugend auf umweht hat, frei, (...) kräftig, mutig, und ausdauernd, wie sie ihr Geschäft gebildet hat, (...) Wenn die Gesetze oder die Regierungen des Staates, in dem wir leben, zahlreiche Zusammenkünfte verbieten, so spreche man mit den Arbeitern einzeln auf Privatzimmern; man gebe ihnen, wenn sie's nicht zahlen können oder wollen, unsere Schriften und Zeitungen zu lesen, man erkläre ihnen dieses oder jenes (...) – Tue, lieber Kater (Braubachs Tarnname), in Straßburg, was Du kannst. Suche den Umgang mit den Handwerkern, belehre, vereinige sie, wie es die Verhältnisse erlauben.

Am 13. Januar 1837 steht in einem Brief Georgs aus Zürich an Minna Jaeglé in Straßburg der Satz:

Das Beste ist, meine Phantasie ist tätig, und die mechanische Beschäftigung des Präparierens läßt ihr Raum. Ich sehe dich immer so halb durch zwischen Fischschwänzen, Froschzehen usw. Ist das nicht rührender, als die Geschichte von Abälard, wie sich ihm Heloïse immer zwischen die Lippen und das Gebet drängt? O, ich werde jeden Tag poetischer, alle meine Gedanken schwimmen in Spiritus. Gott sei Dank, ich träume wieder viel nachts, mein Schlaf ist nicht mehr so schwer.

Am 19. Februar 1837, nach einer unruhigen Nacht mit Angst vor Gefangenschaft, stirbt nachmittags gegen halb vier Uhr Georg B. in Zürich.

Mit dreiundzwanzig ist er tot.
Vielleicht nicht einmal das Schlechteste für einen Typ, wie er einer war, höre ich sagen.
Da wehre ich mich.
Wir müssen leben.
Zweimal lief Georg von Gießen nach Offenbach und wieder zurück.
Zwischen Berg und tiefen, tiefen Tal
saßen einst zwei Hasen.
Des langen Tages Reise in die Nacht.
Aus der Nacht in den Tag.
Wie die Dunkelheit langsam grau wird.
Dann diese Ahnung von Licht hinter dem Horizont.
Endlich dieser blutverschmierte Augapfel,
über den man erschrickt.
Das ganze übrige Gesicht – wolkenverhängt.
Lief allein.
Fraßen ab das grüne, grüne Gras,
bis auf den Rasen.
Lief mit anderen.
»Die politischen Verhältnisse machen mich rasend...
das arme Volk schleppt geduldig den Karren, worauf die Fürsten und Liberalen ihre Affenkomödie spielen.
Ich bete jeden Abend zum Hanf und zu den Laternen...«

Lief durch die kleinen Städte:
Butzbach,
Friedberg,
Vilbel.
Durch einen Wald, über ein Feld,
unter der Sonne, mit Regen im Gesicht.
Mit dem Bild vor Augen,
wie Charlotte das Kleid über den Kopf streift.
Mit der vagen Idee im Sinn, wie das Stück aussehen könnte.
Mit der Frage:
Welche Fatalität führt dazu,
daß eine vom Volk allein gemachte Revolution
zu keinem anderen Resultat führte
als zur Wiederherstellung des Despotismus der Mittelklasse,
zur Verschlimmerung des Elends?
Mit den Berichten im Ohr, wie man die Politischen in den Gefängnissen foltert.

Der Richter: Wenn Sie mir nicht antworten, so werde ich Ihnen 24 Stunden einen Sprenger anlegen lassen, und wenn Sie mir die gegebene (unverschämte) Antwort nochmals wiederholen, so werde ich die Strafe verschärfen.
Antwort: Ich beharre bei meinen blutigen Handschriften vom 27. Oktober und vom 6. und 9. November.
Auf Vorlesen:
Frage: Sind Ihre Erklärungen richtig niedergeschrieben?
Antwort: Ich beharre bei meinen blutigen Handschriften vom 27. Oktober und vom 9. November.
Verfügung (des Richters):
1. Um die geforderte Antwort zu erzwingen, wird dem Angeschuldigten auf 24 Stunden ein Sprenger angelegt.
2. Wegen des andern in diesem Akt von dem Angeschuldigten bestätigten zuchtlosen Benehmens wird ihm eine weitere Strafe von 48 Stunden Sprengertragen diktiert.
3. Wenn der Vollzug dieser Strafen den Inquisiten *nicht* zum *Gehorsam* bringt, soll der Farrenschwanz angewandt werden.

In Bewegung bleiben.
Zu Straßburg,
durch die Vogesen,
im Niederdorf,
am See,
über die Gemüsebrücke in Zürich.
Georg – in Minnas Kammer noch einmal an jenem Abend,
als er spät heimgekommen ist,
angetrunken,
mit Lust darauf, mit ihr zu schlafen.
Immer wieder diese Stimme aus der Erinnerung:
»Ich bitte dich, Georg, geh jetzt.
Laß mich los.«
Diese etwas spitze, schrille Stimme,
so laut in dem nächtlichen Haus.
Widerwärtig.
Nie schwindet der Schmerz ganz,
außer in der Liebe.
In Bewegung bleiben,
laufen,
sich verändern,
die Veränderung anstoßen.
Sich ausdenken, wie man Widerstand leistet.
Nicht aufgeben.
Mit Feuer unter den Sohlen.
Haken schlagen.
Sich ein Alibi verschaffen.
Den Eltern trügerische Briefe schreiben.
Nicht vergessen, darüber nachzudenken,
wie man dennoch Minnigerode befreien könnte.
Andere warnen.
Anderen gut zureden.
Andere zwingen, genauer zu denken.
Sich mit anderen versöhnen.
Grübeln.
Ins Träumen geraten.
In Ängste geraten.

Lieben.
Sprechen.
Atmen.
Sich freuen.
Schlau protestieren.
Nicht ins offene Messer laufen.
Pfeifen, wenn man Angst hat.
Nackt bei einer Frau liegen.
Tanzen.
Schwimmen.
Leicht sein.
Danach fragen, was in uns lügt, mordet, stiehlt, hurt.
Gewiß sein, daß die Reichen nicht zu retten sind.

(Und für »die Reichen« ist einzusetzen:
die durch und durch Angepaßten, die Versteinerten,
jene, die stur am Althergebrachten festhalten,
die Machtgierigen,
die Kriegslüsternen.)

»Wir sind Staub, Tod, Asche, wie dürften wir klagen.«

Nichts ist wie damals.
Nichts »lehrt« Georgs Geschichte.
Sie macht nur Hoffnung.
Sie fordert auf:
Setzt euch in Bewegung.
Gebt nicht klein bei.
Es bleibt doch nichts anderes übrig.

Bemerkung über die Quellen

Folgende Bücher habe ich benutzt und zitiert:
Georg Büchner, Werke und Briefe, Gesamtausgaben, herausgegeben von Fritz Bergemann, neu durchgesehene Ausgabe, Insel Verlag, Wiesbaden 1958.
Georg Büchner, Werke und Briefe. Nach der historisch-kritischen Ausgabe von Werner Lehmann. Kommentiert von Karl Pörnbacher, Gerhard Schaub, Hans-Joachim Simm und Edda Ziegler. Nachwort von Werner Lehmann, Hanser Verlag, München 1980.
Gerhard Schaub, Georg Büchner »Der Hessische Landbote«, Texte, Materialien, Kommentar, Hanser Verlag, München 1976.
Ernst Johann, Georg Büchner in Selbstzeugnissen und Bilddokumenten, Rowohlt Verlag, Hamburg 1958.
Walter Hinderer, Büchner, Kommentar zum dichterischen Werk, Winkler Verlag, München 1977.
Hans Mayer, Georg Büchner und seine Zeit. Limes Verlag, Wiesbaden 1959.
Georg Büchner/Ludwig Weidig, Der Hessische Landbote, Texte, Briefe, Prozeßakten. Kommentiert von Hans Magnus Enzensberger, Insel Verlag, Frankfurt/Main 1965.
Gordon A. Craig, Europe since 1815, New York 1961.
Die frühen Sozialisten, herausgegeben von Fritz Kool und Werner Krause, dtv Wissenschaftliche Reihe, Band 1, München 1972.
Besonders erwähnt werden muß der Band »Georg Büchner I/II« von Text und Kritik, herausgegeben von Heinz Ludwig Arnold. Die Arbeiten von Thomas Michael Mayer und Reinhold Grimm haben meine Vorstellung von Büchner entscheidend beeinflußt. Wesentliche Teile der biographischen und lokalhistorischen Darstellungen folgen, auch wenn sie (wie auf den Seiten 7–12, 16, 19, 25, 28, 37, 45f., 56, 59, 69–72, 77, 84, 92, 100–102, 105–111, 116–122, 126–128, 134–136, 140–143, 146f., 151) nicht als Zitate gekennzeichnet sind, den von Thomas Michael Mayer in dem Sonderband von Text und Kritik veröffentlichten Beiträgen, besonders der »kurzen Chronik zu Leben und Werk« Georg Büchners. Der Autor dankt Thomas Michael Mayer für sein freundliches Entgegenkommen.

Frederik Hetmann

Der Hessische Landbote.

Erste Botschaft.

Darmstadt, im Juli 1834.

Vorbericht.

Dieses Blatt soll dem hessischen Lande die Wahrheit melden, aber wer die Wahrheit sagt, wird gehenkt, ja sogar der, welcher die Wahrheit liest, wird durch meineidige Richter vielleicht ge [illegible]aft. Darum haben die, welchen dies Blatt zukommt, folgendes zu beobachten:

1) Sie müssen das Blatt sorgf[illegible]ltig außerhalb ihres Hauses vorder Polizei verwahren;
2) sie dürfen es nur an treue Freunde mittheilen;
3) denen, welchen sie nicht trauen, wie sich selbst, dürfen sie es nur heimlich hinlegen;
4) würde das Blatt dennoch bei Einem gefunden, der es gelesen hat, so muß er gestehen, daß er es eben dem Kreisrath habe bringen wollen;
5) wer das Blatt nicht gelesen hat, wenn man es bei ihm fin- det, der ist natürlich ohne Schuld.

Friede den Hütten! Krieg den Pallästen!

Im Jahr 1834 siehet es aus, als würde die Bibel Lügen gestraft. Es sieht aus, als hätte Gott die Bauern und Handwerker am 5ten Tage, und die Fürsten und Vornehmen am 6ten gemacht, und als hätte der Herr zu diesen gesagt: Herrschet über alles Gethier, das auf Erden kriecht, und hätte die Bauern und Bürger zum Gewürm gezählt. Das Leben der Vornehmen ist ein langer Sonntag, sie wohnen in schönen Häusern, sie tragen zierliche Kleider, sie haben feiste Gesichter und reden eine eigne Sprache; das Volk aber liegt vor ihnen wie Dünger auf dem Acker. Der Bauer geht hinter dem Pflug, der Vornehme aber geht hinter ihm und dem Pflug und treibt ihm mit den Ochsen am Pflug, er nimmt das Korn und läßt ihm die Stoppeln. Das Leben des Bauern ist ein langer Werktag; Fremde verzehren seine Aecker vor seinen Augen, sein Leib ist eine Schwiele, sein Schweiß ist das Salz auf dem Tische des Vornehmen.

Im Großherzogthum Hessen sind 718,373 Einwohner, die geben an den Staat jährlich an 6,363,364 Gulden, als

1) Direkte Steuern	2,128,131	fl.
2) Indirecte Steuern	2,478,264	„
3) Domänen	1,547,394	„
4) Regalien	46,938	„
5) Geldstrafen	98,511	„
6) Verschiedene Quellen	64,198	„
	6,363,363	fl.

Dies Geld ist der Blutzehnte, der von dem Leib des Volkes genommen wird. An 700,000 Menschen schwitzen, stöhnen und hungern dafür. Im Namen des Staates wird es erpreßt, die Presser berufen sich auf die Regierung und die Regierung sagt, das sey nöthig die Ordnung im Staat zu erhalten. Was ist denn nun das für gewaltiges Ding: der Staat? Wohnt eine Anzahl Menschen in einem Land und es sind Verordnungen oder Gesetze vorhanden, nach denen jeder sich richten muß, so sagt man, sie bilden einen Staat. Der Staat also sind **Alle**; die Ordner im Staate sind die Gesetze, durch welche das Wohl **Aller** gesichert wird, und die aus dem Wohl **Aller** hervorgehen sollen. — Seht nun, was man in dem Großherzogthum aus dem Staat gemacht hat; seht was es heißt: die Ordnung im Staate erhalten!

700,000 Menschen bezahlen dafür 6 Millionen, d. h. sie werden zu Ackergäulen und Pflugstieren gemacht, damit sie in Ordnung leben. In Ordnung leben heißt hungern und geschunden werden.

Wer sind denn die, welche diese Ordnung gemacht haben, und die wachen, diese Ordnung zu erhalten? Das ist die Großherzogliche Regierung. Die Regierung wird gebildet von dem Großherzog und seinen obersten Beamten. Die andern Beamten sind Männer, die von der Regierung berufen werden, um jene Ordnung in Kraft zu erhalten. Ihre Anzahl ist Legion: Staatsräthe und Regierungsräthe, Landräthe und Kreisräthe, Geistliche Räthe und Schulräthe, Finanzräthe und Forsträthe u. s. w. mit allem ihrem Heer von Secretären u. s. w. Das Volk ist ihre Heerde, sie sind seine Hirten, Melker und Schinder; sie haben die Häute der Bauern an, der Raub der Armen ist in ihrem Hause; die Thränen der Wittwen und Waisen sind das Schmalz auf ihren Gesichtern; sie herrschen frei und ermahnen das Volk zur Knechtschaft. Ihnen gebt ihr 6,000,000 fl. Abgaben; sie haben dafür die Mühe, euch zu regieren; d. h. sich von euch füttern zu lassen und euch eure Menschen- und Bürgerrechte zu rauben. Sehet, was die Ernte eures Schweißes ist.

Für das Ministerium des Innern und der Gerechtigkeitspflege werden bezahlt 1,110,607 Gulden. Dafür habt ihr einen Wust von Gesetzen, zusammengehäuft aus willkührlichen Verordnungen aller Jahrhunderte, meist geschrieben in einer fremden Sprache. Der Unsinn aller vorigen Geschlechter hat sich darin auf euch vererbt, der Druck, unter dem sie erlagen, sich auf euch fortgewälzt. Das Gesetz ist das Eigenthum einer unbedeutenden Klasse von Vornehmen und Gelehrten, die sich durch ihr eignes Machwerk die Herrschaft zuspricht. Diese Gerechtigkeit ist nur ein Mittel, euch in Ordnung zu halten, damit man euch bequemer schinde; sie spricht nach Gesetzen, die ihr nicht versteht, nach Grundsätzen, von denen ihr nichts wißt, Urtheile, von denen ihr nichts begreift. Unbestechlich ist sie, weil sie sich gerade theuer genug bezahlen läßt, um keine Bestechung zu brauchen. Aber die meisten ihrer Diener sind der Regierung mit Haut und Haar verkauft. Ihre Ruhestühle stehen auf einem Geldhaufen von 461,373 Gulden (so viel betragen die Ausgaben für die Gerichtshöfe und die Kriminalkosten). Die Fräcke, Stöcke und Säbel ihrer unverletzlichen Diener sind mit dem Silber von 197,502 Gulden beschlagen (so viel kostet die Polizei überhaupt, die Gensdarmerie u. s. w. Die Justiz ist in Deutschland seit Jahrhunderten die Hure der deutschen Fürsten. Jeden Schritt zu ihr müßt ihr mit Silber pflastern, und mit Armuth und Erniedrigung erkauft ihr ihre Sprüche. Denkt an das Stempelpapier, denkt an euer Bücken in den Amtsstuben, und euer Wachestehen vor denselben. Denkt an die Sporteln für Schreiber und Gerichtsdiener. Ihr dürft euern Nachbar verklagen, der euch eine Kartoffel stiehlt; aber klagt einmal über den Diebstahl, der von Staatswegen unter dem Namen von Abgabe und Steuern jeden Tag an eurem Eigenthum begangen wird, damit eine Legion unnützer Beamten sich von eurem Schweiße mästen: klagt einmal, daß ihr der Willkühr einiger Fettwänste überlassen seyd und daß diese Willkühr Gesetz heißt, klagt, daß ihr die Ackergäule des Staates seyd, klagt über eure verlorne Menschenrechte: Wo sind die Gerichtshöfe, die eure Klage annehmen, wo die Richter, die rechtsprächen? — Die Ketten eurer Vogelsberger Mitbürger, die man nach Rokkenburg schleppte, werden euch Antwort geben.

Und will endlich ein Richter oder ein andrer Beamte von den Wenigen, welchen das Recht und das gemeine Wohl lieber ist, als ihr Bauch und der Mamon, ein Volksrath und kein Volksschinder seyn, so wird er von den obersten Räthen des Fürsten selber geschunden.

Für das Ministerium der Finanzen 1,551,502 fl.

Damit werden die Finanzräthe, Obereinnehmer, Steuerboten, die Untererheber besoldet. Dafür wird der Ertrag eurer Aecker berechnet und eure Köpfe gezählt. Der Boden unter euren Füßen, der Bissen zwischen euren Zähnen ist besteuert. Dafür sitzen die Herren in Fräcken beisammen und das Volk steht nackt und gebückt vor ihnen, sie legen die Hände an seine Lenden und Schultern und rechnen aus, wie viel es noch tragen kann, und wenn sie barmherzig sind, so geschieht es nur, wie man ein Vieh schont, das man nicht so sehr angreifen will.

Für das Militär wird bezahlt 914,820 Gulden.

Dafür kriegen eure Söhne einen bunten Rock auf den Leib, ein Gewehr oder eine Trommel auf die Schulter und dürfen jeden Herbst einmal blind schießen, und erzählen, wie die Herren vom Hof, und die ungerathenen Buben vom Adel allen Kindern ehrlicher Leute vorgehen, und mit ihnen in den breiten Straßen der Städte herumziehen mit Trommlen und Trompeten. Für jene 900,000 Gulden müssen eure Söhne den Tyrannen schwören und Wache halten an ihrer Pallästen. Mit ihren Trommeln übertäuben sie eure Seufzer, mit ihren Kolben zerschmettern sie euch den Schädel, wenn ihr zu denken wagt, daß ihr freie Menschen seyd. Sie sind die gesetzlichen Mörder, welche die gesetzlichen Räuber schützen, denkt an Södel! Eure Brüder, eure Kinder waren dort Brüder- und Vatermörder.

Für die Pensionen 480,000 Gulden.

Dafür werden die Beamten aufs Polster gelegt, wenn sie eine gewisse Zeit dem Staate treu gedient haben, d. h. wenn sie eifrige Handlanger bei der regelmäßig eingerichteten Schinderei gewesen, die man Ordnung und Gesetz heißt.

Für das Staatsministerium und den Staatsrath 174,600 Gulden.

Die größten Schurken stehen wohl jetzt allerwärts in Deutschland den Fürsten am nächsten, wenigstens im Großherzogthum: Kommt ja ein ehrlicher Mann in einen Staatsrath, so wird er ausgestoßen. Könnte aber auch ein ehrlicher Mann jetzo Minister seyn oder bleiben, so wäre er, wie die Sachen stehn in Deutschland, nur eine Drathpuppe, an der die fürstliche Puppe zieht und an dem fürstlichen Popanz zieht wieder ein Kammerdiener oder ein Kutscher oder seine Frau und ihr Günstling, oder sein Halbbruder — oder alle zusammen. In Deutschland stehet es jetzt, wie der Prophet Micha schreibt, Cap. 7., V. 3 und 4: „Die Gewaltigen rathen nach ihrem Muthwillen, Schaden zu thun, „und drehen es, wie sie es wollen. Der Beste unter ihnen ist wie „ein Dorn, und der Redlichste wie eine Hecke." Ihr müßt die Dörner und Hecken theuer bezahlen; denn ihr müßt ferner für das großherzogliche Haus und den Hofstaat 827,772 Gulden bezahlen.

Die Anstalten, die Leute, von denen ich bis jetzt gesprochen, sind nur Werkzeuge, sind nur Diener. Sie thun nichts in ihrem Namen, unter der Ernennung zu ihrem Amt, steht ein L. das bedeutet Ludwig von Gottes Gnaden und sie sprechen mit Ehrfurcht: „im Namen des Großherzogs." Dies ist ihr Feldgeschrei, wenn sie euer Geräth versteigern, euer Vieh wegtreiben, euch in den Kerker werfen. Im Namen des Großherzogs sagen sie, und der Mensch, den sie so nennen, heißt: unverletzlich, heilig, souverain, königliche Hoheit. Aber tretet zu dem Menschenkinde und blickt durch seinen Fürstenmantel. Es ißt, wenn es hungert, und schläft wenn sein Auge dunkel wird. Sehet, es kroch so nackt und weich in die Welt, wie ihr und wird so hart und steif hinausgetragen, wie ihr, und doch hat es seinen Fuß auf einem Nacken, hat 700,000 Menschen an seinem Pflug, hat Minister die verantwortlich sind, für das, was er thut, hat Gewalt über euer Eigenthum durch die Steuern, die es ausschreibt, aber euer Leben, durch die Gesetze, die es macht, es hat adliche Herrn und Damen um sich, die man Hofstaat heißt, und seine göttliche Gewalt vererbt sich auf seine Kinder mit Weibern, welche aus eben so übermenschlichen Geschlechtern sind.

Wehe über euch Götzendiener!—Ihr seyd wie die Heiden, die das Krokodill anbeten, von dem sie zerrissen werden. Ihr setzt ihm eine Krone auf, aber es ist eine Dornenkrone, die ihr euch selbst in den Kopf drückt; ihr gebt ihm ein Scepter in die Hand, aber es ist eine Ruthe, womit ihr gezüchtigt werdet; ihr setzt ihn auf euern Thron, aber es ist ein Marterstrahl für euch und eure Kinder. Der Fürst ist der Kopf des Blutigels, der über euch hinkriecht, die Minister sind seine Zähne und die Beamten sein Schwanz. Die hungrigen Mägen aller vornehmen Herren, denen er die hohen Stellen vertheilt, sind Schröpfköpfe, die er dem Lande setzt. Das L. was unter seinen Verordnungen steht, ist das Mahlzeichen des Thieres, das die Götzendiener unserer Zeit anbeten. Der Fürstenmantel ist der Teppich, auf dem sich die Herren und Damen vom Adel und Hofe in ihrer Geilheit übereinander wälzen — mit Orden und Bändern decken sie ihre Geschwüre und mit kostbaren Gewändern bekleiden sie ihre aussätzigen Leiber. Die Töchter des Volks sind ihre Mägde und Huren, die Söhne des Volks ihre Laquaien und Soldaten. Geht einmal nach Darmstadt und seht, wie die Herren sich für euer Geld dort lustig machen, und erzählt dann euern hungernden Weibern und Kindern, daß ihr Brod an fremden Bäuchen herrlich angeschlagen sey, erzählt ihnen von den schönen Kleidern, die in ihrem Schweiß gefärbt, und von den zierlichen Bändern, die aus den Schwielen ihrer Hände geschnitten sind, erzählt von den stattlichen Häusern, die aus den Knochen des Volks gebaut sind; und dann kriecht in eure rauchigen Hütten und bückt euch auf euren steinichten Aeckern, damit eure Kinder auch einmal hingehen können, wenn ein Erbprinz mit einer Erbprinzessin für einen andern Erbprinzen Rath schaffen will, und durch die geöffneten Glasthüren das Tischtuch sehen, wovon die Herren speisen und die Lampen riechen, aus denen man mit dem Fett der Bauern illuminirt. Das alles duldet ihr, weil euch Schurken sagen: "diese Regierung sey von Gott." Diese Regierung ist nicht von Gott, sondern vom Vater der Lügen. Diese deutschen Fürsten sind keine rechtmäßige Obrigkeit, sondern die rechtmäßige Obrigkeit, den deutschen Kaiser, der vormals vom Volke frei gewählt wurde, haben sie seit Jahrhunderten verachtet und endlich gar verrathen. Aus Verrath und Meineid, und nicht aus der Wahl des Volkes ist die Gewalt der deutschen Fürsten hervorgegangen, und darum ist ihr Wesen und Thun von Gott verflucht; ihre Weisheit ist Trug, ihre Gerechtigkeit ist Schinderei. Sie zertreten das Land und zerschlagen die Person des Elenden. Ihr lästert Gott, wenn ihr einen dieser Fürsten einen Gesalbten des Herrn nennt, das heißt: Gott habe die Teufel gesalbt und zu Fürsten über die deutsche Erde gesetzt. Deutschland, unser liebes Vaterland, haben diese Fürsten zerrissen, den Kaiser, den unsere freien Voreltern wählten, haben diesen Fürsten verrathen und nun fordern diese Verräther und Menschenquäler Treue von euch!—Doch das Reich der Finsterniß neiget sich zum Ende. Ueber ein Kleines und

Deutschland, das jetzt die Fürsten schinden, wird als ein **Freistaat** mit einer vom Volk gewählten Obrigkeit wieder auferstehn. Die heilige Schrift sagt: Gebet dem Kaiser, was des Kaisers ist. Was ist aber dieser Fürsten, der Verräther? — **Das Theil von Judas!**

Für die Landstände 16,000 Gulden.

Im Jahr 1789 war das Volk in Frankreich müde, länger die Schindmähre seines Königs zu seyn. Es erhob sich und berief Männer, denen es vertraute, und die Männer traten zusammen und sagten, ein König sey ein Mensch wie ein anderer auch, er sey nur der erste Diener im Staat, er müsse sich vor dem Volk verantworten und wenn er sein Amt schlecht verwalte, könne er zur Strafe gezogen werden. Dann erklärten sie die Rechte des Menschen: „Keiner erbt vor dem andern mit der Geburt ein Recht oder einen Titel, keiner erwirbt mit dem Eigenthum ein Recht vor dem andern. Die höchste Gewalt ist in dem Willen Aller oder der Mehrzahl. Dieser Wille ist das Gesetz, er thut sich kund durch die Landstände oder die Vertreter des Volks, sie werden von Allen gewählt und Jeder kann gewählt werden; diese Gewählten sprechen den Willen ihrer Wähler aus, und so entspricht der Wille der Mehrzahl unter ihnen dem Willen der Mehrzahl unter dem Volke; der König hat nur für die Ausübung der von ihnen erlassenen Gesetze zu sorgen." Der König schwur dieser Verfassung treu zu seyn, er wurde aber meineidig an dem Volke und das Volk richtete ihn, wie es einem Verräther geziemt. Dann schafften die Franzosen die erbliche Königswürde ab und wählten frei eine neue Obrigkeit, wozu jedes Volk nach der Vernunft und der heiligen Schrift das Recht hat. Die Männer, die über die Vollziehung der Gesetze wachen sollten, wurden von der Versammlung der Volksvertreter ernannt, sie bildeten die neue Obrigkeit. So waren Regierung und Gesetzgeber vom Volk gewählt und Frankreich war ein Freistaat.

Die übrigen Könige aber entsetzten sich vor der Gewalt des französischen Volkes, sie dachten, sie könnten alle über der ersten Königsleiche den Hals brechen und ihre mißhandelten Unterthanen möchten bei dem Freiheitsruf der Franken erwachen. Mit gewaltigem Kriegsgeräth und reisigem Zeug stürzten sie von allen Seiten auf Frankreich und ein großer Theil der Adligen und Vornehmen im Lande stand auf und schlug sich zu dem Feind. Da ergrimmte das Volk und erhob sich in seiner Kraft. Es erdrückte die Verräther und zerschmetterte die Söldner der Könige. Die junge Freiheit wuchs im Blut der Tyrannen und vor ihrer Stimme bebten die Throne und jauchzten die Völker. Aber die Franzosen verkauften selbst ihre junge Freiheit für den Ruhm, den ihnen Napoleon darbot, und erhoben ihn auf den Kaiserthron. — Da ließ der Allmächtige das Heer des Kaisers in Rußland erfrieren und züchtigte Frankreich durch die Knute der Kosacken und gab den Franzosen die dickwanstigen Bourbonen wieder zu Königen, damit Frankreich sich bekehre vom Götzendienst der erblichen Königsherrschaft und dem Gotte diene, der die Menschen frei und gleich geschaffen. Aber als die Zeit seiner Strafe verflossen war, und tapfere Männer im Julius 1830 den meineidigen König Karl den Zehnten aus dem Lande jagten, da wendete dennoch das befreite Frankreich sich abermals zur **halberblichen** Königsherrschaft und band sich in dem Heuchler Louis Philipp eine neue Zuchtruthe auf. In Deutschland und ganz Europa aber war große Freude als der zehnte Karl vom Thron gestürzt ward, und die unterdrückten deutschen Länder richteten sich zum Kampf für die Freiheit. Da rathschlagten die Fürsten, wie sie dem Grimm des Volkes entgehen sollten und die listigen unter ihnen sagten: Laßt uns einen Theil unserer Gewalt abgehen, daß wir das Uebrige behalten. Und sie traten vor das Volk und sprachen: Wir wollen euch die Freiheit schenken um die ihr kämpfen wollt. — Und zitternd vor Furcht warfen sie einige Brocken hin und sprachen von ihrer Gnade. Das Volk traute ihnen leider und legte sich zur Ruhe. — Und so ward Deutschland betrogen wie Frankreich.

Denn was sind diese Verfassungen in Deutschland? Nichts als leeres Stroh, woraus die Fürsten die Körner für sich herausgeklopft haben. Was sind unsere Landtage? Nichts als langsame Fuhrwerke, die man einmal oder zweimal wohl der Raubgier der Fürsten und ihrer Minister in den Weg schieben, woraus man aber nimmermehr eine feste Burg für deutsche Freiheit bauen kann. Was sind unsere Wahlgesetze? Nichts als Verletzungen der Bürger- und Menschenrechte der meisten Deutschen. Denkt an das Wahlgesetz im Großherzogthum, wornach keiner gewählt werden kann, der nicht hoch begütert ist, wie rechtschaffen und gutgesinnt er auch sey, wohl aber der Grolmann, der euch um die zwei Millionen bestehlen wollte. Denkt an die Verfassung des Großherzogthums. — Nach den Artikeln derselben ist der Großherzog unverletzlich, heilig und unverantwortlich. Seine Würde ist erblich in seiner Familie, er hat das Recht Krieg zu führen und ausschließliche Verfügung über das Militär. Er beruft die Landstände, vertagt sie oder lößt sie auf. Die Stände dürfen keinen Gesetzes-Vorschlag machen, sondern sie müssen um das Gesetz bitten, und dem Gutdünken des Fürsten bleibt es unbedingt überlassen, es zu geben oder zu verweigern. Er bleibt im Besitz einer fast unumschränkten Gewalt, nur darf er keine neuen Gesetze machen und keine neuen Steuern ausschreiben ohne Zustimmung der Stände. Aber theils kehrt er sich nicht an diese Zustimmung, theils genügen ihm die alten Gesetze, die das Werk der Fürstengewalt sind, und er bedarf darum keiner neuen Gesetze. Eine solche Verfassung ist ein elend jämmerlich Ding. Was ist von Ständen zu erwarten, die an eine solche Verfassung gebunden sind? Wenn unter den Gewählten auch keine Volksverräther und feige Memmen wären, wenn sie aus lauter entschlossenen Volksfreunden bestünden?! Was ist von Ständen zu erwarten, die kaum die elenden Fetzen einer armseligen Verfassung zu vertheidigen vermögen! — Der einzige Widerstand, den sie zu leisten vermochten, war die Verweigerung der zwei Millionen Gulden, die sich der Großherzog von dem überschuldeten Volke wollte schenken lassen zu Bezahlung seiner Schulden. — Hätten aber auch die Landstände des Großherzogthums genügende Rechte, und hätte das Großherzogthum, aber nur das Großherzogthum allein, eine wahrhafte Verfassung, so würde die Herrlichkeit doch bald zu Ende seyn. Die Raubgeyer in Wien und Berlin würden ihre Henkerskrallen ausstrecken und die kleine Freiheit mit Rumpf und Stumpf ausrotten. Das ganze deutsche Volk muß sich die Freiheit erringen. Und diese Zeit, geliebte Mitbürger, ist nicht ferne. — Der Herr hat das schöne deutsche Land, das viele Jahrhunderte das herrlichste Reich der Erde war, in die Hände der fremden und einheimischen Schinder gegeben, weil das Herz des deutschen Volkes von der Freiheit und Gleichheit seiner Voreltern und von der Furcht des Herrn abgefallen war, weil ihr dem Götzendienste der vielen Herrlein, Kleinherzoge und Däumlings-Könige euch ergeben hattet.

Der Herr, der den Stecken des fremden Treibers Napoleon zerbrochen hat, wird auch die Götzenbilder unserer einheimischen Tyrannen zerbrechen durch die Hände des Volks. Wohl glänzen diese Götzenbilder von Gold und Edelsteinen, von Orden und Ehrenzeichen, aber in ihrem Innern stirbt der Wurm nicht und ihre Füße sind von Lehm. — Gott wird euch Kraft geben ihre Füße zu zerschmeißen, sobald ihr euch bekehret von dem Irrthum eures Wandels und die Wahrheit erkennet: „daß nur Ein Gott ist und keine Götter „neben ihm, die sich Hoheiten und Allerhöchste, heilig und unverant„wortlich nennen lassen, daß Gott alle Menschen frei und gleich in „ihren Rechten schuf und daß keine Obrigkeit von Gott zum Segen „verordnet ist, als die, welche auf das Vertrauen des Volkes sich „gründet und vom Volke ausdrücklich oder stillschweigend erwählt ist; „daß dagegen die Obrigkeit, die Gewalt, aber kein Recht über ein „Volk hat, nur also von Gott ist, wie der Teufel auch von Gott ist, „und daß der Gehorsam gegen eine solche Teufels-Obrigkeit nur so „lange gilt, bis ihre Teufelsgewalt gebrochen werden kann; — daß „der Gott, der ein Volk durch Eine Sprache zu Einem Leibe verei„nigte, die Gewaltigen die es zerfleischen und viertheilen, oder gar in „dreißig Stücke zerreißen, als Volksmörder und Tyrannen hier zeit„lich und dort ewiglich strafen wird, denn die Schrift sagt: was Gott „vereinigt hat, soll der Mensch nicht trennen; und daß der Allmäch„tige, der aus der Einöde ein Paradies schaffen kann, auch ein Land „des Jammers und des Elends wieder in ein Paradies umschaffen „kann, wie unser theuerwerthes Deutschland war, bis seine Fürsten „es zerfleischten und schunden."

Weil das deutsche Reich morsch und faul war, und die Deutschen von Gott und von der Freiheit abgefallen waren, hat Gott das Reich zu Trümmern gehen lassen, um es zu einem Freistaat zu verjüngen. Er hat eine Zeitlang „den Satans-Engeln Gewalt gegeben, daß sie „Deutschland mit Fäusten schlügen, er hat den Gewaltigen und Für„sten, die in der Finsterniß herrschen, den bösen Geistern unter dem „Himmel, (Ephes. 6.) Gewalt gegeben, daß sie Bürger und Bauern „peinigten und ihr Blut aussaugten und ihren Muthwillen trieben mit „Allen, die Recht und Freiheit mehr lieben als Unrecht und Knecht„schaft." — — Aber ihr Maas ist voll!

Sehet an das von Gott gezeichnete Scheusal, den König Ludwig von Baiern, den Gotteslästerer, der redliche Männer vor seinem Bilde niederzuknien zwingt, und die, welche die Wahrheit bezeugen, durch meineidige Richter zum Kerker verurtheilen läßt; das Schwein, das sich in allen Lasterpfützen von Italien wälzte, den Wolf, der sich für seinen Baals-Hofstaat für immer jährlich fünf Millionen durch meineidige Landstände verwilligen läßt, und fragt dann: „Ist das eine Obrigkeit von Gott zum Segen verordnet?"

Ha! du wärst Obrigkeit von Gott?
Gott spendet Segen aus;
Du raubst du schindest, kerkerst ein,
Du nicht von Gott, Tyrann!

Ich sage euch: sein und seiner Mitfürsten Maas ist voll. Gott, der Deutschland um seiner Sünden willen geschlagen hat durch diese Fürsten, wird es wieder heilen. „Er wird die Hecken und Dörner niederreißen und auf einem Haufen verbrennen."

Jesaias 27, 4. So wenig der Höcker noch wächset, womit Gott diesen König Ludwig gezeichnet hat, so wenig werden die Schandthaten dieser Fürsten noch wachsen können. Ihr Maas ist voll. Der Herr

wird ihre Zwingburgen zerschmeißen und in Deutschland wird dann Leben und Kraft, der Segen der Freiheit wieder erblühen. Zu einem großen Leichenfelde haben die Fürsten die deutsche Erde gemacht, wie Ezechiel im 37 Capitel beschreibt: „Der Herr führte mich auf ein weites Feld, das voller Gebeine lag, und siehe, sie waren sehr verdorrt." Aber wie lautet des Herrn Wort zu den verdorrten Gebeinen: „Siehe, „ich will euch Adern geben und Fleisch lassen über euch wachsen, und „euch mit Haut überziehen, und will euch Odem geben, daß ihr wieder „lebendig werdet, und sollt erfahren, daß Ich der Herr bin." Und des Herrn Wort wird auch an Deutschland sich wahrhaftig beweisen, wie der Prophet spricht: „Siehe, es rauschte und regte sich und die Ge„beine kamen wieder zusammen, ein jegliches zu seinem Gebein. — Da „kam Odem in sie und sie wurden wieder lebendig und richteten sich „auf ihre Füße, und ihrer war ein sehr groß Heer."

Wie der Prophet schreibet, also stand es bisher in Deutschland: eure Gebeine sind verdorrt, denn die Ordnung, in der ihr lebt, ist eitel Schinderei. 6 Millionen bezahlt ihr im Großherzogthum einer Handvoll Leute, deren Willkühr euer Leben und Eigenthum überlassen ist, und die anderen in dem zerrissenen Deutschland gleich also. Ihr seyd nichts, ihr habt nichts! Ihr seyd rechtlos. Ihr müsset geben, was eure unersättlichen Presser fordern, und tragen, was sie euch aufbürden. So weit ein Tyrann blicket — und Deutschland hat deren wohl dreißig — verdorret Land und Volk. Aber wie der Prophet schreibet, so wird es bald stehen in Deutschland: der Tag der Auferstehung wird nicht säumen. In dem Leichenfelde wird sich's regen und wird rauschen und der Neubelebten wird ein großes Heer seyn.

Hebt die Augen auf und zählt das Häuflein eurer Presser, die nur stark sind durch das Blut, das sie euch aussaugen und durch eure Arme, die ihr ihnen willenlos leihet. Ihrer sind vielleicht 10,000 im Großherzogthum und Eurer sind es 700,000 und also verhält sich die Zahl des Volkes zu seinen Pressern auch im übrigen Deutschland. Wohl drohen sie mit dem Rüstzeug und den Reisigen der Könige, aber ich sage euch: Wer das Schwert erhebt gegen das Volk, der wird durch das Schwert des Volkes umkommen. Deutschland ist jetzt ein Leichenfeld, bald wird es ein Paradies seyn. Das deutsche Volk ist Ein Leib ihr seyd ein Glied dieses Leibes. Es ist einerlei, wo die Scheinleiche zu zucken anfängt. Wann der Herr euch seine Zeichen gibt durch die Männer, durch welche er die Völker aus der Dienstbarkeit zur Freiheit führt, dann erhebet euch, und der ganze Leib wird mit euch aufstehen.

Ihr bücktet euch lange Jahre in den Dornäckern der Knechtschaft, dann schwitzt ihr einen Sommer im Weinberge der Freiheit, und werdet frei seyn bis ins tausendste Glied.

Ihr wühltet ein langes Leben die Erde auf, dann wühlt ihr euren Tyrannen ein Grab. Ihr bautet die Zwingburgen, dann stürzt ihr sie, und bauet der Freiheit Haus. Dann könnt ihr eure Kinder frei taufen mit dem Wasser des Lebens. Und bis der Herr euch ruft durch seine Boten und Zeichen, wachet und rüstet euch im Geiste und betet ihr selbst und lehrt eure Kinder beten: „Herr, zerbrich den Stecken unserer Treiber und laß dein Reich zu uns kommen, das Reich der Gerechtigkeit. Amen."

Bildnachweis

S. 34/35 Stadtarchiv Offenbach

S. 61 und S. 66 Ullstein

S. 63 Holzschnitt von Ludwig Burger, entnommen dem Umschlag des Bandes: Georg Büchner. Werke und Briefe. München, Wien: Carl Hanser Verlag 1980

S. 78 Umschlagbild des Bandes von Heinz Fischer: Georg Büchner. Untersuchungen und Marginalien. Bonn: Bouvier 1975

S. 90/91 und S. 144/145 Die Auszüge aus den Verhörprotokollen sowie die Umschrift besorgte Thomas Michael Mayer

S. 101 aus: Werner Meyrahn: Butzbach und Kirch-Goens. Butzbach 1971

S. 117 aus: Honoré Daumier. Bildwitz und Zeitkritik. Sammlung Horn. Ausstellungs-Katalog

S. 157-164 Bundesarchiv, Außenstelle Frankfurt, DB 8/3

Gulliver zwei
Taschenbücher für Jugendliche
bei Beltz & Gelberg

Rafik Schami
701 EINE HAND VOLLER STERNE
Roman
200 Seiten (78701)
Zürcher Kinderbuchpreis »La vache qui lit« und andere Auszeichnungen

Mirjam Pressler
702 ZEIT AM STIEL
Roman
168 Seiten (78702)

Hannu Aho
703 DAS FERNE GRÜNE MEER
Roman
Aus dem Finnischen von
Anu Pyykönen und Friedbert Stohner
192 Seiten (78703)

Robert Leeson
704 ES IST MEIN LEBEN
Roman
Aus dem Englischen von Lieselott Baustian
136 Seiten (78704)

Oliver La Farge
705 INDIANISCHE LIEBESGESCHICHTE
Roman
Aus dem Amerikanischen von
Lulu von Strauß und Torney
Überarbeitet von Irmela Brender
244 Seiten (78705)
Pulitzer-Preis

Christine Nöstlinger
706 ANDREAS ODER DIE UNTEREN SIEBEN ACHTEL DES EISBERGS
Roman
208 Seiten (78706)

Wolfgang Gabel
707 FIX UND FERTIG
Roman
208 Seiten (78707)

Liva Willems
708 MANCHMAL BIN ICH EIN JAGUAR
Pedros Geschichte
Aus dem Niederländischen
von Mirjam Pressler
120 Seiten (78709)
In Belgien ausgezeichnet als »Bestes flämisches Jugendbuch«

Christine Nöstlinger
709 STUNDENPLAN
Roman
136 Seiten (78709)

Mirjam Pressler
710 KRATZER IM LACK
Roman
136 Seiten (78710)

Dagmar Chidolue
711 LADY PUNK
Roman
176 Seiten (78711)
Deutscher Jugendliteraturpreis

Monika Pelz
712 DIEBE DER ZEIT
Phantastischer Roman
452 Seiten (78712)

Hadley Irwin
713 LIEBSTE ABBY
Erzählung
Aus dem Amerikanischen
von Fred Schmitz
152 Seiten (78713)

Reinhold Ziegler
714 NENN MICH EINFACH SUPER!
Erzählung
112 Seiten (78714)

Michail Krausnick (Hrsg.)
715 »DA WOLLTEN WIR FREI SEIN!«
Eine Sinti-Familie erzählt
Mit Fotos
180 Seiten (78715)

Silvia Bartholl (Hrsg.)
716 TEXTE DAGEGEN
Autorinnen und Autoren schreiben gegen Rassismus und Fremdenhaß
200 Seiten (78716)

Dagmar Chidolue
717 FIEBER ODER DER ABSCHIED DER GABRIELE KUPINSKI
Roman
168 Seiten (78717)
Hans-im-Glück-Preis

Reinhold Ziegler
718 »ES GIBT HIER NUR ZWEI RICHTUNGEN, MISTER«
Roman
276 Seiten (78718)
Preis der Leseratten, Hans-im-Glück-Preis

Warren Miller
719 KALTE WELT
Ein Bandenchef aus Harlem erzählt
Aus dem Amerikanischen von Harry Rowohlt
208 Seiten (78719)

Klaus Kordon
720 ICH MÖCHTE EINE MÖWE SEIN
Erzählung
104 Seiten (78720)

Wolfgang Gabel
721 EINFACH IN DEN ARM NEHMEN
Erzählungen
144 Seiten (78721)

Frederik Hetmann
722 GEORG B.
oder Büchner lief zweimal von Gießen nach Offenbach und wieder zurück
Erzählung mit Dokumenten
168 Seiten (78722)

Christine Nöstlinger
723 »PFUI SPINNE!«
Roman
152 Seiten (78723)

Karel Eykman
724 LIEBESKUMMER
Erzählung
Aus dem Niederländischen von Mirjam Pressler
64 Seiten /78724)
Holländischer Jugendbuchpreis »Goldener Griffel«

Henky Hentschel
725 DIE HUNDE IM SCHATTEN DES MANDELBAUMS
Erzählungen
88 Seiten (78725)

John Donovan
726 DIE SCHUTZSCHICHT IST BEHUTSAM ZU ENTFERNEN
Erzählung
Aus dem Amerikanischen von Irmela Brender
88 Seiten (78726)
erscheint Januar 1994

Beltz & Gelberg
Beltz Verlag, Postfach 10 01 54, 69441 Weinheim